HEART
心視野

HEART

心視野

HEART

心｜視野

HEART

心|視野

我選擇，
生活中
只做想做的事

用喜歡的事撫平疲憊，散發個人專屬魅力，過只被喜愛事物圍繞的生活

小田桐 あさぎ———著
姜柏如———譯

目錄

CHAPTER 1 成為受歡迎女性的方法

CHAPTER
2

結婚對女性是地獄嗎？其實是天堂呢！

CHAPTER 3

讓女性擁有理想人生的方法 概念篇

CHAPTER 4

讓女性擁有理想人生的方法 基礎篇

CHAPTER 5

不為金錢所苦的方法

CHAPTER 6

放手去做想做的事

前言

照喜歡的方式生活吧！

「你給現在的自己打幾分呢？」

換做當年二十八歲的我被這麼問，八成會彆扭地回答：「嗯……大概七十分左右……」

過去的我自認為是「外在跟內在都低於平均值，差強人意的女性」，所以我給自己打七十分，已算是自視甚高了。

雖然我的外型稱不上是男性夢寐以求的天菜，但也不乏追求者，也有一份能好好發揮自己能力以及一群好同事的職業。

往後的我肯定也是七十分，雖然並非過著人人稱羨的人生，卻能照著自己的方式，在與生活各種不滿和解的過程中，度過小確幸的人生吧！然後與身分相稱的人結婚生子，成為兼顧工作和家庭的職業婦女。

當時的我，認為以這種模式預測我的未來，根本無庸置疑。

但人生相當不可思議，若當時的我能為現在的自己打分數，絕不只是一百分，說是一億分的人生也不過分。

不過短短三年的光景，我的人生就變得截然不同，而且好運至今仍接二連三的來訪！

- **邂逅百分百理想男性，於兩週內結婚，婚後距今六年恩愛依舊。**
- **家事和育兒幾乎都外包，只在想做的時間做想做的事。**
- **在六本木打造自宅和沙龍講座，締造多於過去十倍年收入。**
- **工作只在自己真的想做時才做，每個月只工作八天。**

•擁有將近三萬追蹤者，被一群希望攜手圓夢的朋友團團簇擁。

假如這樣還不能算是一億分，又該如何形容？

我明白這番話，難免會給人一種老王賣瓜自賣自誇的感覺。

我在二十八歲以前是隨處可見、差強人意的女性，卻在三年後成為「天賦異稟、萬中選一的存在」。

寫到這裡，也許有人會好奇我的人生究竟出現了什麼樣的奇蹟？其實扭轉我人生的並非是奇蹟，我只不過是發掘了沉眠於體內的才能，稍微轉念思考而已。

如今我想告訴二十八歲時的自己——

「目前不是甘於平凡、與現實妥協的時候。」

所以現在拾起本書的你，如果認為自己很「平凡」，那我也想對這樣的你說同樣的話。

任何人都擁有獨一無二的特殊才能，重點在於自己的才能必須靠自己方能發掘出來，且必須從毫無根據、庸庸碌碌的觀念之中脫離。

我早已無法滿足將我體會到的「才能發掘法」和「扭轉人生的思考法」只運用在自己身上，於是開始指導其他女性，令人驚訝的是，許許多多的女性朋友都接二連三地因而走向夢寐以求的人生！

僅是活用個人專屬魅力，任何人都能過著隨心所欲的人生。我希望能透過本書和各位分享，活出隨心所欲人生的祕訣。

得天獨厚、具備傑出才能的女性，如果無法發揮原本的能力，過著稱不上是百分百幸福的生活，不單是自己的損失，同時也是家庭、甚至整個社會的損失。

人生怎麼過取決於自己。

只要轉念採取行動，任何事都可以實現。

既然什麼都能實現，各位也一起循序漸進地扭轉人生，儘快起身掌握幸福吧！

小田桐あさぎ

CHAPTER 1

成為受歡迎女性的方法

過去的我，完全沒好男人緣

二十七歲時，是我戀愛經歷最黑暗的時期。

「身為女性，我怎麼能三十歲前還沒生第一個孩子！」

當時的我，發自內心這樣想，告訴自己二十幾歲時絕對要結婚生子，奮不顧身地尋找適合的男性。

至於我為何會如此執著，原因在於我曾經認為如果三十歲過後還保持單身、毫無育兒經驗的話，會被人貼上「無法結婚生子的敗犬」標籤。

對我而言，人生是場不能輸的戰役啊！

身處弱肉強食的社會，一旦被握住弱點就可能會萬劫不復。當時的我認為，想在現今社會好好生存，就該以站在年收入和頭銜等的金字塔頂端為目標才是。

為此結婚生子對我來說並非憧憬、更非美夢，而是不落於人後的防衛手段，甚至被看成是重生的機會也不為過。

於是二十八歲時，我就自顧自的把「要是今年內找不到結婚對象，乾脆去死算了」當成我人生的重大試驗，卯足全力地投入相親活動。

當然我也做好備案，如果二十九歲生日前仍然找不到男友或結婚對象，二十九歲的當月就要加入月老銀行，從候補人選內挑一個最好的人結婚。當時的我，一直懷著就算不喜歡也要與條件最好的人結婚，無法在三十歲以前結婚生子就沒資格當人的偏激想法。

為此我天天登錄交友網站的應用程式，才發出第二條訊息後就迫不及待地主動問對方「能不能立刻見面」。

參加朋友主辦的派對時，也會主動邀約初次見面的男性。甚至面對搭訕，我也顯得興高采烈，秉持著儘管放馬過來的態度。我抱著只要是男性，就算狩獵範圍的氣勢，日復一日、每天都全力以赴地投身相親活動。

然而，事情卻沒有我想的那麼簡單。就算與對方交換聯絡方式，但大部分的人都不會與我再聯絡；初次約會後，再次傳訊也都已讀不回；別說是被利用後拋棄，是連接吻都沒有就被分手的哀傷。

唯一和我繼續有聯絡的對象，是一位我在交友網站認識，想找對象卻困難重重、同病相憐的男性……

為期一年的相親活動期間，我完全零桃花。

我好歹也算是個不差的結婚對象，而且還主動出擊。更何況我將討厭做家事、任性的地方、酒品差、浪費、債台高築、換工作七次、曾是社會邊緣人、吊兒郎當、宅女特質、急於結婚等負面條件全數封印起來，拼死拼活到這種地步，居然還會不受歡迎，實在讓我不可置信！

為何當時的我會如此不受歡迎呢？

原來我的做法中，隱藏某個嚴重的錯誤判斷……。

身心俱疲的女性，不可能受歡迎

我不受歡迎的最大原因，就是笑容不好看。對於這個答案，各位應該感到很驚訝吧？

但這是千真萬確的事！我仔細分析我自己：

- 想法很負面。
- 經常處在緊張狀態。
- 會做人情，卻絕不欠人情。
- 個性乖僻、嫉妒心強。
- 笑容生硬。

- 個性強勢，卻會因為他人的一句話立刻陷入沮喪。
- 面對不喜歡的狀況，會立刻感到不開心。
- 擅長找出討厭的人、事、物。
- 覺得人生無趣。
- 嫌棄自己的外在跟內在。
- 為了不吃虧而戰戰兢兢。

再認真檢討的話，可以往下列出一百項左右吧！但由於我寫得很累，現在先寫這樣就好（笑）。

總之就各種意義上而言，我給他人的感覺就是「陰沉」。潛藏在我內心的陰鬱情緒，在我的外表上展露無遺。

大家可以看我二十八歲時的照片，就能感受到那衝擊了！

對於當時的我來說，露出這種表情就算是在笑了……這實在太恐怖了。

那是因為我秉持著「非得結婚不可」的謎樣執念，而拼命偽裝自己，痛苦又努力的活著，於是負面情緒在累積下，統統凝聚在「生硬的笑容」之中。

女性魅力，並非只看局部，女人有九成的魅力來自於真心的笑容。

大家一定很好奇、那時的我笑容為什麼會這麼生硬吧？原因在於：

「我真的好累！」

過去的我

現在的我

當時的我以極為嚴苛的標準審視別人與自己，面對各種不同個性的人，也會主觀的立即斷定「這人不行」，並加以輕視。

例如與雙親同住的女性、擔任內勤工作的女性、專職家庭主婦、年過三十的單身女性，都曾被我嗤之以鼻的認定是「無法自立的族群」。

用偏激的眼光蔑視他人的我，當然也無法容許自己也是這樣的人。那段時期，我被自身專斷獨行的「執念」搞得作繭自縛，痛苦不已，做了非常多勉強自己的事。

明明可以住家裡卻硬要搬出去獨自生活、因為想要「用手謀生」，選擇完全不適合自己的設計業，還堅持無論如何都要在二十多歲時結婚生子，全心全意的參與各種相親活動……。

明明最討厭打掃、做家事，仍儘量維持住處乾淨，與交友軟體中認識的可有可無男性拼命聯繫、約會，一旦見面就處心積慮表現出「我是位不差的結婚對象」來吸引對方。

我在自己討厭和棘手的事中，奮鬥不懈地努力。

當然從客觀的角度來看，我做的並不是多麼辛苦的事，埋頭苦幹本來就不見得會有成果，而搬出去獨立生活和積極相親也是大家都會做，極為稀鬆平常的事。

但是，竭盡全力去做討厭的事，就算是稀鬆平常的事，也會令人感到筋疲力盡！

當時的我，完全不懂這個道理，如今回想起來，做那些事真的讓我相當疲憊，而這股疲憊感也化作黑暗氣場籠罩著我。

我認為這是很重要的一點，也希望各位銘記在心的是：

疲憊的人肯定不會受歡迎。

人處在疲憊的狀態下，會迫切渴望被療癒。我認為這不只是自然法則，更是人之常情。

我卻在沒被任何人強迫的情況下，擅作主張地一頭栽入討厭的事，把自己搞得疲憊就算了，還癡心妄想有人能撫慰我的疲憊，這不是很愚昧的行為嗎？（笑）

想成為戀愛市場的搶手貨，我勉強自己在「供需世界」內，自以為是地扮演他人願意買單的「需求對象」。

然而，不用想也知道現代社會中多是疲憊不堪的男性，因此除非你成為能讓對方充滿能量的人，否則很難受歡迎。

真的，目前不是讓自己疲憊的時候！

自暴自棄後，人緣竟變好了

當時的我，怎麼也想不到自己沒異性緣的原因在於「身心俱疲」。我努力分析自己沒有異性追求的原因，得到的結論是：

「再怎麼努力都沒用，不管做什麼都是枉然，我嫁不出去了，我的黃金歲月在二十出頭就宣告終結……」

就這樣，我做好自己可能會一輩子單身的覺悟。

這樣的念頭，雖然不免讓我感到沮喪，但不久後我轉念一想，既然結不了婚，那麼我決定獨自一人也要盡情享受人生。

「既然單身，就隨心所欲地過生活吧！」

於是我索性去了先前就很感興趣的酒吧兼差，白天的正職工作則轉職為業務，過著得經常出差和應酬的多采多姿生活，甚至迷上網路遊戲，做著「與結婚無緣的行為」。

我在男性面前不諱言我家很髒亂、自己愛玩網路遊戲，還過著每逢週末就喝酒享樂的日子。

出乎意料的是，明明在不久前，我還像是座無人島般乏人問津，如今過去完全不理我的男性，開始回過頭找我！已讀不回的慘狀平息了，我開始接到男性的正式邀約！

對我而言，這是始料未及的狀況，當我放棄努力博取異性好感後，居然開始受歡迎……

直到現在，我總算能理解，為什麼情況會開始逆轉。

因為人只要喜歡自己後，就會變得充滿魅力。沒有討厭的事損耗自己的能量，所以顯得活力充沛，也能時時保持笑容，游刃有餘地與他人相處。

這世上大多數的人都因為做了討厭的事而感到疲憊，所以會想再尋找自己喜愛的事物，因此朝氣蓬勃的人會受到大家歡迎，渴望你能量的人也會蜂擁而來。

如果你目前正在進行的事成果不甚理想，不妨學我懷抱著「反正橫豎結不了婚」的心態那樣，試著隨心所欲過生活。動用先前存下來的基金，盡情去做自己喜歡的事吧！

別放棄打理外貌

我建議女性們，無論如何都要在外表上用心，尤其是與生俱來如肌膚、頭髮、牙齒、體態等部分一定要維持乾淨整齊。

我常對女性朋友說：

「不注重外表的女性跟游手好閒的男性，都不會受歡迎！」

對人生漫無目的、游手好閒的男性，對女性來說根本毫無魅力可言對吧？相反的，努力投入職場、精益求精的男性，或是懷抱雄心壯志、為成功奮不顧身的男性則顯得有魅力多了，外貌對於女生來說就像這樣。

「金錢不代表一切。」

「我沒自信能成為上班族。」……

聽到身旁寧可窩在家裡，而不願上班的男性，理直氣壯這麼說的時候，總會讓我忍不住想吐槽他：

「有時間抱怨沒自信，不如現在就出去，不管做什麼都好，總之先去工作就對了。」

同樣的對於自己外貌毫不在乎，說著「因為我沒自信……」所以就放棄讓自己變美，那就沒戲唱了。

如果你在意自己的體態就去瘦身、在意膚質就好好護膚、練習化妝、去美髮院、去了解自己適合什麼服裝……等。

所謂外貌是肉眼看得見的內在。

即便存了許多錢，放棄好好打理外貌，魅力也難以展現。比起有二百萬積蓄的女性，將二百萬花在自己身上，進而變得美麗又快樂的女性，看起來肯定較有魅力。

我在面對想找尋戀愛對象的學生時，一定會先教導她們「第一是外貌，第二還是外貌，然後去做自己愛做的事」。

當我這樣說時，總有不少人會擔心，突然盛裝打扮、以完美妝容出現時，身旁的人會覺得奇怪，但我認為根本沒有擔心的必要。

記得我以前職場上，有一位前輩曾整形過。前輩的眼睛原本是單眼皮，某天冷不防帶著如同中谷美紀般深邃的雙眼皮來上班，當時年少無知的我，因為太過震驚了，對她窮追猛打的想問出原因：

「咦？前輩妳是去整形了吧！」

「沒有？但前輩原本不是單眼皮嗎？」

「不然妳閉起眼睛給我看，我就說吧！」

如今回想起來，當時的我，是多麼無知啊！

然而最令我震驚的並不是正大光明跑去整形的前輩，也不是裝作若無其事的其他女同事，更不是白目程度跟小學生有得比的我，而是所有男同事的反應：

「先前都沒注意到，原來○○小姐是個美人……」

天啊！男同事們竟然會這麼說，我簡直想仰天大叫。那是先前都沒注意到的程度嗎？她整個人都不一樣了啊！

但也因此，我發現到一件事。

對男性來說，要讓他們察覺出女性髮型和妝容的變化，簡直就是不可能的任務。

雖然男性中也不乏對此事敏感的人，或許也有人對她說：「哦，妳今天整個人感覺都不一樣了。」但我覺得相較起來，認為她「原本就是個美女」的男性肯定占多數。

所以大家用不著擔心，突然改變會很奇怪，讓自己的外表看起來乾淨美麗，對人際關係絕對有好處的。

所以首先就從LINE等社交網站的個人頭像下手吧！請盡情換上你的奇蹟美照。

光是這樣做，好久沒連繫的人就會傳像是「最近好嗎？」的訊息來問候你呢！（笑）。

我尋理想伴侶

如同剛才我說的，當我放棄相親活動選擇去做自己愛做的事後，異性緣開始變好了。但這次我卻遇上別的難題。

雖然我有好幾位固定約會的對象，卻始終感覺少了什麼。他們的外表、條件、個性各方面明明都不差，但我卻一直找不到「非我莫屬」的那個對象。

雖然我和他們都是在彼此有不錯互動的情況下約會，卻都僅限於聊天對談而已，在約會期間，我甚至有時候會因為對方積極想進一步交往，而感到極度焦躁。

在某個中午，我和一個女生朋友聊到一件事，這件事讓我大受衝擊且足以顛覆我往後的人生。

故事的主角是我們共同的朋友A小姐，她最近剛結完婚。A小姐原本有位論及婚嫁的出色對象，但某天她卻意外邂逅了別的男性。

當時A小姐當機立斷的認為「這個人才是我理想的結婚對象」，於是和原本的未婚夫毅然決然地分手了，再猛烈追求新的男性，並在短短三個月就結婚，目前過著幸福無比的生活！

得知這過程後，我震驚得宛如被五雷轟頂，內心很想知道A小姐為何會決定這麼做？

因為當時的我隱約感覺到，自己先前問題的答案或許就在其中。

起先我以為沒有遇到「非我莫屬」的對象，是因為這些對象都不起眼，但問題並不在這裡。畢竟當初我覺得不來電且感受不到魅力的男性們，後來都紛紛和別的女性結婚了。

如果不是對方的問題，那問題究竟出在哪裡？

沒錯，雖然不想承認，但果然是自己的感知能力出了問題。A小姐即使有了未婚夫，仍可以在邂逅他人的瞬間，明確知道對方才是她真正想找的另一半。

為何她能擁有如此敏銳的天線呢？

朋友提到，祕密就在於她有一張「理想男性清單」。

我的「理想男性清單」

所謂「理想男性清單」，就是將符合自己理想男性的條件列出。A小姐明明才認識對方沒多久，就能瞬間判斷對方是她想結婚對象的原因，正是因為那人吻合她的「理想男性清單」。

也許這就是我需要的！如此確信的我，從那天起便火速擬定清單，每天都認真的思考，自己心中理想男性的形象是什麼？

我將清單隨身攜帶，一有空就審視並再三修正，約莫花了兩週後我總算寫出了我的「理想男性清單」，當中項目多達八十項。

後來我才明白，這份「理想男性清單」真是好處多多。

①讓自己心目中的理想形象明確具體化。
②可以令人豎起感應理想對象的天線。
③能冷靜鑑定男性。
④能簡單明瞭的說明喜歡的男性條件，提高被介紹對象的可能性。
⑤讓自己足以匹配得上這些條件。

還有重要的是：

這份清單不能只是在頭腦中想像，必須確實用紙筆記錄下來。

這就跟有人會在工作時製作待辦清單一樣，道理相同。

人類是種健忘的生物，如果沒有好好記下來，無論多麼重要的事，稍不留神就會被拋在腦後。

望著這份我認真思考過後擬下的「理想男性清單」，縱然感到心滿意足，但開心也只有一下子，因為我覺得：

「這種男性根本不可能存在嘛！」我對著清單嚎啕大哭。

更何況我還在清單內註明，一定要是位足以迷倒全世界女性的超級大帥哥才行。

「世界上不可能存在這種男性，萬一真的存在，也不可能還沒結婚。就算有萬分之一的機會沒結婚，也不可能把我放在眼裡……」看著清單，我不由得感到絕望。

我知道哭也沒用，於是我試著在腦內篩選適合的同學，並為對方打分數。其中有一位迄今我從未認真留意到、相貌普通不算帥的男性。

他在八十個項目當中，居然符合了七十項！怎麼會有這種事呢？

而這也讓我確信，能在我的清單中拿到滿分的男人，應該在不遠處，只是我的天線沒有感應到而已。

在我大膽假設完畢後，想不到沒多久願望就實現了。那位在我的清單內「足以迷倒全世界女性的超級大帥哥」，在半年後與我結婚了，而且還是我老早就認識的對象。

因為過去我沒將自己的理想形象具體化，所以天線才會檢測不出來，問題果然是出在自己的感知能力。

擬定理想人生的願景

在擬定「理想男性清單」前，其實還有件更重要的事，那就是我們必須要先「擬定理想人生的願景」。

若沒有先確實了解自己的理想人生願景是什麼，就算列出理想對象的形象，也會很籠統。

決定理想人生願景的方式只有一種，就是你必須清楚「自己想要做些什麼」。

希望能一直工作下去嗎？如果要繼續工作，想選擇怎樣的工作方式呢？

在單身時多半都從事全職工作，那結完婚後呢？也會想繼續現在的工作嗎？還是想減少工作，增加家庭照顧的比重呢？如果結完婚後不打算減少工作時間，那有了小孩以後要怎麼做呢？

覺得自己可以全力負擔育兒工作，還是希望另一半也能分擔呢？亦或是希望孩子的主要照顧者是先生、尋求父母的協助、上托嬰中心……諸如此類的選擇，都要先想清楚。

世界上有很多女性，將工作時間降到最低，家務和育兒想做才做，靠著自己喜歡的工作獲得收入。

結婚對象的形象，會隨著自己理想的工作方式而有所改變，但奇怪的是我發現許多女性面對像「自己的生涯有哪些規劃」這種至關重要的課題，居然抱持著「未來的事誰也說不準」、「想跟未來的老公討論後再決定」等事不關己的想法。

正因為抱持著這種心態，最後才會淪落到上網留言求助：「我家老公完全不幫忙做家事……但我也想做全職工作（淚）。」的地步啊！

以我來說，我希望就算結婚生孩子後也一樣有工作，而且是全職的工作，所以除了育嬰假以外，我沒想過要減少工作時間。因為抱持著這樣的想法，所以從事忙碌繁重工作的男性，儘管收入再高，也被我排除在擇偶對象之外。

我和我的先生，以迅雷不及掩耳的速度進展到結婚。從初次約會到決定結婚的這段期間，只約會過三次而已！

而我之所以能夠在短時間內做出決定，就是因為自己早就確實決定好想過什麼樣的生活，並且依據此具體的擬出了理想對象的條件。

先清楚自己想做什麼，要過怎樣的人生。

先清楚知道自己想要什麼，再來思考要挑選什麼樣的伴侶，比較能實現想要的生活。我認為依據此觀點思考理想的伴侶，是非常重要的事。

我身旁的朋友和學生之中，有不少人戀愛不久就決定結婚，而且過得相當幸福，她們幾乎百分之百都這麼做。

本書一八二頁是我的「理想男性清單」，提供給各位讀者參考，也希望大家能親自動手擬出，專屬自己的「理想男性清單」。

功課

思考人生理想願景和理想伴侶形象。

女性的外表給人的感覺很重要，
疲憊和忍耐只會把自己變醜！

CHAPTER 2

婚姻對女性是地獄嗎？其實是天堂呢！

先生最想要的是妻子的笑容

當我決定與先生結婚時，雖然當時的我沉浸在終於要結婚了的喜悅中無法自拔，但另一方面「不安和絕望」也同時折磨著我，因為我心裡隱約的覺得，結婚會改變我的生活，會為自己帶來不幸。

「往後肯定沒辦法隨心所欲的加班了。」

「晚上和週末也不能自由自在的出去玩了。」

「必須認真做家事了。」

「無法和丈夫以外的男性朋友出去玩了。」

「雖然一開始很恩愛，但時間久了愛情也會冷卻吧！」

諸如此類的情況，想必會席捲我往後的人生吧？那種失落的心情讓我有些難受。

所以四年前接受先生求婚的那天，我滿腦子想的是「今天大概會是我人生最棒的一天吧！」

雖然婚後不會再有像結婚般盛大的慶賀場合，但也沒什麼不平不滿的，婚姻生活中，難免有些不合情理之處，人不能癡心妄想什麼都要，應該心懷感激的過日子才是，我在心裡安慰著自己。

然而想不到我的婚姻生活卻比我想像的更自由、更快樂。

所以我在這裡要跟大家分享我真實的婚姻生活，我想說的是，對婚姻生活不滿意的話，絕對可以靠自己去扭轉。

我先生是位忙碌的上班族，身為他的妻子，理所當然的三歲女兒大多是我在照顧，但在育兒的事情上，我秉持著「想做的時候才做」、「只做不會累的範圍」。至於家事方面，我決定我不要自己做。

身為妻子和母親的我，必須要做到的職責是「保持心靈的餘裕，開朗正面的維持家庭快樂氛圍」。

如果要將此事擺在第一優先，那麼重點就是「不要勉強自己。」

至於，具體來說我又是如何處理日常家務呢？

- 打掃、洗衣、洗碗等家事，我委託清潔公司一週兩次到府服務。
- 做飯我只在想煮的時候才煮，每個月親自下廚的時間大約一到兩次。
- 我和先生的晚餐通常是外食或是外送。
- 女兒的飲食則是玉米、魚板、蔬菜等不用花太多工夫的料理。

我平常就是會將穿過的衣服脫下後隨手放著，用過的衛生紙也常亂丟，沒扔到垃圾桶的人。

過去丈夫常唸我：「妳好歹將自己用過的衛生紙扔到垃圾桶吧！」但我聽到後也只是笑笑的回答：「想丟衛生紙的人是你又不是我，所以你丟就好了嘛！」他唸久了，最後也放棄了。

看到我的行為，大家一定會覺得我是一位超差勁的妻子吧！（笑）然而丈夫口中的我，可是一位滿滿都是愛的好太太呢！我想先生的感受之所以如此，原因就在於，雖然我不擅長家務，但在家中我絕不會對先生或孩子露出焦躁不耐煩的態度。

我認為身為母親和妻子，最重要的就是「避免焦躁」，關於這點我絕不妥協。

至今我已結婚六年，但對丈夫發脾氣的次數，總共只有三次（其中一次是兵荒馬亂的婚禮當天）。

而三歲的女兒，我對她不耐煩發脾氣的次數甚至是零，我的家庭生活過得很愉快！

不久前，我曾看過一篇對一百位已婚男性調查「渴望妻子提供什麼」的報告，大家想知道前三名是什麼嗎？

第一名是笑容，第二名是性，第三名是家務。

我實在想不到，丈夫渴望的不過是妻子的笑容，原來男性在婚後也想要愛呢！

我也曾經聽男性朋友說過，與其讓妻子焦躁的做家事，不如買市售熟食或將家務外包更好。

在結婚和生產前，我曾經認為太太對丈夫和孩子感到焦躁是在所難免的事，然而實際上卻完全不是這麼回事。我發現只要不做自己討厭的事，自然不會對家人感到焦躁。

越受寵愛的妻子，越不用做家事

不管是工作、家務還是育兒，我們都要把自己擺在第一優先，只要做自己不會感到疲憊、在自己開心範圍內的事情就好。

我想看到這裡，大部分的讀者即便只是在腦海中想像日後在工作、家務、育兒上「只做自己想做的」，內心也會立刻浮現不安吧！

- 先生一定會不滿我不做家務。
- 在工作上混水摸魚，會不會給上司和同事添麻煩呢？
- 冷落小孩會不會給孩子帶來什麼不好的影響？

即使會擔憂，我還是希望大家試著努力挑戰，就算只有一次也好。

你可以先在腦海內想像，沒興致煮晚餐時，躺在沙發上興奮的跟先生說：「今天很累，所以我們不做飯吧！」然後真的就去做做看。

雖然有點好笑，但真的去做的太太們，跟我回饋說她們鼓起勇氣去做之後，丈夫非但不生氣，反而還替她按摩，有的先生聽了甚至趕緊接手準備晚餐呢！

當妻子感受到丈夫的溫柔，對丈夫坦率表達感謝之情時，丈夫也會倍感幸福，兩人都能置身在幸福的正向循環內。

雖然很多女性認為不做家務會找不到理想對象，或是被丈夫嫌棄，但根據我個人調查「越受丈夫寵愛的妻子，越不做家事」。

那些鼓起勇氣，開始善待自己的學生，都異口同聲的對我說：「小田桐老師……男人真～的是很溫柔呢！」

沒錯，過去我認為只有我找到超級溫柔的丈夫，可是她們的男友和丈夫，也都跟我丈夫一樣，變得無敵溫柔喲！甚至讓我覺得自家老公好像快輸給別人了呢！

男性本身的溫柔，往往出乎女性意料之外。

既然「不做家務、育兒會讓男人更愛你」的試驗很多人都做過了，各位就當作是被我騙也好，請務必一定要做一次看看。

如果突然不煮晚餐，叫外送的難度太高，可以先從下列事項開始做起：

- 每週三天不做飯。
- 將打掃頻率降低一半。
- 不洗內衣褲以外的衣物。

光是只做到這樣，心情與疲憊的情況，便會大不相同喔！

焦躁是身心負荷過重的警訊

我家的家事完全委任給清潔人員，一週打掃兩次。將家事全部外包，每個月大約要花一萬五。

但對我來說，只要不做家事，無論精神還是身體絲毫都不會感到疲憊。所謂討厭的事就是做起來費心費力的事。就算你什麼都還沒做，但一直陷入「非做不可」的煩惱中，同樣也很耗費精力，打掃和洗衣服對我來說就是這樣的事。

「不做不行……不做不行……但是今天好累，明天再做……」

日積月累之下，不知不覺便會形成龐大的壓力。

當然不少人聽到我的做法後會為難表示：「請外面的人來打掃很花錢……」但對我來說，自從我下定決心不做家事後，每天會多出很多時間，而有效利用這段閒暇時間，每個月為自己提高一萬五的月收入超簡單。

換做夫妻的話，每人每月收入提高八千元就好。把時間、精力節省下來後，無論要選擇在公司加班，或是去兼職打工都好。我覺得能從事自己喜愛的事，又能賺到錢是再好不過的了。

假設我去做月收入一萬五的工作，把錢全數運用在居家清潔費後，那我就會一毛也不剩吧？

但反過來說，雖然我不花居家清潔費，一手包辦所有家務，但沒時間去工作賺錢，我的手邊也同樣沒錢。

所以我們能夠選擇，是要將時間花費在工作上還是家務上。

而我會毅然決然選擇工作。因為對我來說，工作比家務還要輕鬆，而且還有機會能賺到更多錢。

我會這樣想，並不是因為我是創業者。倘若我是上班族，依然會認為工作比家務有趣太多，也肯定會選擇工作。

四年前的我，從來沒想到家事真的能外包，對家務完全親力親為，卻讓我疲憊不堪，自從改變後，因為不需要再做家事，精神體力都回復了，從此也變得不想再勉強自己做家事。

如今是居家清潔服務，每小時一千多元就能立刻委派他人的時代。對我而言，減輕家務能讓身心獲得餘裕，跟我同樣天生討厭做家事的人，希望務必嘗試去做看看。

若你經常有著焦躁不安的情緒，恐怕是身心負荷過重的警訊，試著鼓起勇氣，放下自己討厭的事吧！

功課

條列出所有真的不想做或感到麻煩的事。

讓先生接納想法的技巧

要對先生說，自己要將家務和育兒外包是有技巧的。

根據羅格斯大學公布「男性對人生滿意程度與結婚生活相關調查研究」的報告顯示，男性對人生的滿意程度，取決於妻子的幸福程度。沒錯，男性基本上會秉持「希望帶給深愛女性幸福」的想法。

根據這個主張，清楚明確告訴丈夫「自己怎麼樣才會感到幸福，想要做什麼」是很重要的。

如果在開口前便心存質疑，認為自己「鐵定會遭遇反對」，那就真的會得到這種結果。面對丈夫，我始終抱持著「丈夫一定會支持我，為我的幸福著想」的心境。長時間相處之後，男性自然也會感到「妻子全心全意地相信我」，因而真心支持，因為男性其實非常樂意展現自己心胸寬闊，能接納對方的一面。

我每個月都很開心的一個人去國內外各地旅行。

旅行期間，照顧女兒的工作，當然會落在丈夫頭上。但當我問他：「下個月也可以麻煩你嗎？」時，老公卻回我：「妳在的話，我就會忍不住想寵妳，妳不在，我與女兒相處時該做什麼事，反而不會被打亂，所以妳就安心去吧！」

一般來說，小孩年紀還小時，無論是感情多麼融洽的夫妻，都難免會起爭執。

雙方都因為工作、家事和育兒感到分身乏術，所以難免會為了雞毛蒜皮般的小事吵架，或是互相計較著「這是誰的工作」。身為母親，別說是單獨去國外旅行了，就算是因公出差，都會被先生擺臉色。

但我的丈夫卻每天把「老婆」掛在嘴邊，抱著我、寵愛我！

每當結束旅程回到家後，先生還會告訴我：「我覺得自己少不了妳啊！」

不做家事，擺脫焦躁的情緒後，我和先生的感情更好了。

每當我這樣說，都會有人反應：「這世界上真的會有這樣的男人嗎？為什麼我都遇不到？」

每當聽到這些話，我都會忍不住問：

「慢著……難道你認為，這世界上沒有這樣的男人嗎？」

「對、對啊……」

「你知道嗎？問題就是出在這裡。你完全不相信周圍的男性具有這樣的氣度，他們肯定是有的，但是首先，你得先選擇全盤信賴對方，否則他們也不會表現出來。更何況你連試都沒試就擅自斷定男性不可能這樣，這點很沒禮貌。」

我認為男性度量的大小，會隨著對方對他們的信賴程度產生變化。只要能受到對方的信賴，他們肯定會有所回應。

以公司主管為例，大家應該比較容易懂，若主管完全不信任你，不時用「反正你就是個沒用的傢伙」的態度來對待的話，待在這種主管身邊，你還會想努力工作嗎？

相較之下，若你的主管，始終抱持著「你一定辦得到」的信賴態度對待著你，會令人不由得想回應他的期待，甚至還可能發揮潛能，做得比以前更好吧？

而男性的這種傾向更甚於女性。男性是極度渴望獲得女性信賴的生物，只要越信賴他，就越能發揮超乎尋常的潛力。

因此身為女性的你們，請先全面地信賴對方吧！這麼做之後，相信你們的對象都能以最好的一面回應。

這個方式我在前一份業務工作時，就曾經運用過。面對客戶我會全然的信賴，反覆強調「〇〇先生的寬宏大量，真是幫了我一個大忙」。奇怪的是，當我這麼做的時候，客戶就不太會無理砍價，甚至還會給我很大的通融空間呢！（笑）。

雖然這招看似有點狡猾，卻可以讓雙方合作愉快，鞏固信賴關係，百利而無一害。

無論是男女關係還是工作，切記都要傾盡全力信賴對方，只要這樣做，對方也會充滿信任的回應你喔！

愁眉苦臉的我，養出廢柴男友

現在的我雖然能信心十足的說「就算不做任何家事，我也能被老公寵愛。」但回想過去，二十七歲前我的同居男友卻讓我吃足了苦頭。

那位莫名其妙游手好閒的前男友，用棉被整個占領了我那狹窄的單人房，不只把整間屋子搞得亂七八糟，還把打掃洗衣的工作都扔給我，甚至瘋狂跟我借錢。

最讓人無法想像的是，在我無法替他準備便當的日子，我還向他解釋：「抱歉，我今天沒有幫你準備便當，因為我真的好睏……」而他居然還大發雷霆的對我說：「妳給我好好準備！」實在是不可思議。（笑）。

現在回想起來，事情會演變成那樣，原因應該是出在我身上。

當時的我，整天都愁眉苦臉的，我可以理解他當時看到我的感受。男性看見自己喜歡的女性一臉不幸的樣子，好像會喪失自信心。男性是愛面子的生物，當他失去自信後，就會逐漸演變成自暴自棄的廢柴……

愁眉苦臉的我，在不知不覺中，養出了廢柴男友。

男性並不想當公主

為什麼我和前男友會變成這樣呢？過去我誤以為世界上的男性，分成溫柔及不溫柔兩種，直到某天我才恍然大悟：

人會根據自己在對方眼中是何種樣子來改變態度，因此問題不是出在本質上的好壞。

試想我自己也一樣，我也會對符合自己喜好，顏值好的帥哥和顏悅色，對長相不討我喜歡的男性表現冷淡。

我想這是全人類的通病吧？

所以如果我希望男性對我溫柔體貼，那我也應該具備令人想溫柔對待的樣貌。

我經常引用「英雄和公主論」來解釋男女之間的差異。我認為世上大部分的女性都渴望獲得公主般的待遇，希望被他人稱讚可愛美麗、喜歡被邀請到好的店用餐、收到禮物、外出時有位英俊瀟灑的護花使者。

若有男性能將對方當作公主般的對待，會讓女性感覺對方比其他男性出色，甚至會忍不住神魂顛倒吧？

其實跟女性內在擁有「公主欲求」一樣，男性內心中也有根深蒂固的「英雄欲求」。

不了解男性心態的女性難以理解這一點，甚至誤認為男性也跟自己一樣有「公主願望」。

基本上女性喜歡男性實現自己的心願，為了滿足女性的要求而奔波努力。因此不少女性會誤認男性肯定也有相同心態，而把男友照顧得無微不至，更對男友的任性要求有求必應，像是對方開口要求於交往第一天就發生肉體關係等。

但這種行為實際上會造成相反的效果，從我觀察來看，女性越是這樣做，男性越會覺得對方缺乏魅力。

因為男性內心懷抱的並非「公主願望」，而是「英雄願望」。

他們在「獻殷勤」的過程中，才會感受到幸福。

比方說讚美對方好可愛、好漂亮，替對方預約一流餐廳、送禮物、出門充當瀟灑的護花使者。透過行動讓女性獲得幸福的同時，自己也會深刻感受到幸福，這就是男性的英雄心態。

男性尋覓的女性是，能讓他深刻感受到全然付出的價值、能全力以赴為她做任何事、想讓她成為世上最快樂的女人，換言之就是能全然接受他所奉獻的愛情。

不擅長戀愛的女性，有許多人是因為不善於接受男性的殷勤付出。

這樣的女性即使被稱讚可愛，非但不會笑著回應：「謝謝，我好開心。」反而會出言駁斥：「我才沒你說的那樣」；或是失望、生氣的表示：「請別取笑我」；抑或是不知該做何回應，而選擇無視。

在面對男性提議去的餐廳時，別怪罪餐廳不夠時尚；或覺得太高級而陷入沮喪；或妄自揣測男性想法，搶先預約餐廳等，只要欣然的向男性表示：「食物好好吃，謝謝你為我預約。」即可。

男性對女性只有一個要求，就是希望自己的付出能獲得女性開心的反應，所以請各位女性務必試著接受男性的好意吧！

對於男性賦予的愛，露出笑容說聲「謝謝」並坦然接受，在男性眼中就是「令他想源源不絕付出愛情，並具有奉獻愛情價值」的女性。

害人不淺的少女漫畫

延續前一篇所說的「英雄公主論」，我們探討了男性喜歡哪種類型的女生。但少年漫畫中的女主角，像《七龍珠》、《航海王》、《鄰家女孩》等，她們一點也不溫柔，甚至可以說超強勢（笑）。

《七龍珠》中，主角們的妻子除了強勢還是強勢，甚至足以挑戰男主角們的程度（笑）。

拿《鄰家女孩》中的女主角小南來說，當她面對眾人稱讚「今天也很可愛」時，只是毫不謙虛地說了句「謝了」便結束。

這些漫畫中的女主角，令人詫異的幾乎都是強勢女孩。

另一方面，少女漫畫的女主角，卻往往都是「一無是處」。外表普通，好像只有溫柔是優點，個性還很負面，而且口頭禪是「像我這種人……」，卻可以像獲得神的眷顧一樣，奇蹟一而再、再而三地發生，最後被班上最受歡迎的男生喜歡。

我發覺到這一點後，不禁感到毛骨悚然。

喜歡看漫畫的女性，從小就被灌輸這種故事情節，該不會誤以為「這就是受男性歡迎的祕訣」吧？少女漫畫真是害人不淺啊！

大肆宣傳自己很負面、很平凡的女子，卻在男性眼中充滿魅力，這樣的情節，只會發生在幻想世界中。落落大方展現自我魅力、有能力的女性，才是現實生活中的贏家。

了解男性的心理

現在的我之所以能理解男性的心理，是因為我曾花上一整年的時間，在網路遊戲中假扮男性。

我在電玩遊戲中，打造出一位風靡萬眾的遊戲角色R，在遊戲裡，他一年內交了四位女友，候補女友的人數更是保持在十人以上。

過去我曾沉迷於網路遊戲中，為了讓自己設定的角色成為「最受歡迎的男性」，日以繼夜的奮鬥著。

對時我對網路遊戲投注的熱情，簡直就是到了走火入魔的地步。

一早醒來就是打電動、在電車裡、在工作中都是。為了打電動還遲到早退了好幾次，每天回家後至少花六小時在玩。

沒過多久連班也不去上了，整整一個月，每天打十五個小時的電動（笑）。

我日復一日、嘔心瀝血的揣摩著男性如何跟女性聊天，更以「成為受歡迎的男性」為目標，花錢買了許多完美無瑕的裝備（每月花費超過一萬元玩遊戲）。

為了使所有玩家百分百相信我是個男人，還擬定了一份無懈可擊的個人檔案。

而這樣的執著讓我成功了，當時我的帥哥角色R，在那個遊戲內果然躍升成為最受歡迎的遊戲角色。

雖然不過是在玩遊戲，但當我試著徹底化身為完美無缺的男性後，也逐漸能理解男性的思考方式，這是站在女性立場時所看不見的，同時也能感受到不同女性的思考模式。

透過假扮帥哥玩家的經驗，讓我見識到肉食女子是如何用露骨的方法勾引男人（笑）。

謊言和背叛是家常便飯，裝健忘和假天真之類的戲碼也屢見不鮮地一再上演。但遺憾的是我是女性，總是能輕易的就識破謊言……

同時，我也發現「原來男人會被這種等級的謊言欺騙」時，內心衝擊反而更大。

例如：對方明明是經驗豐富的玩家，卻假裝不懂電腦郵件怎麼使用，使盡渾身解數想要到我的聯絡方式；佯裝一時疏忽傳來色情訊息；甚至有很多人稀鬆平常的跟我開黃腔，還傳自己的性感照給我（笑）。就當時的經驗來看，簡直就是露骨的肉食女子生態。

在遊戲裡，我還領悟另一件事，就是對男性而言「受歡迎」無比重要。男性為了「受歡迎」所做的行動，是女性無法相提並論的，在我來看他們簡直是為了受歡迎而活。

以女性角度來看，有時男性會出現許多讓人匪夷所思的行動，當各位以後看見男性表現出讓你摸不著頭緒的言行舉止時，不妨朝著「也許那人覺得這樣很帥氣」去想，就能夠了解到他們的心態了，若還能見縫插針地順口誇兩句「好帥」就更完美了（笑）！

能夠掌握男人心理的女性，懂得巧妙的說出「○○先生這點好厲害」、「我覺得你比較帥」之類的讚美話語，高明的投其所好。

當我本人被這樣誇讚時，即使知道對方是有目的，卻也會情不自禁地欣然照辦（實在太入戲了）。

只要搞懂男性心理，戀愛也沒什麼好怕的！

如何讓另一半超愛妳？

我先前提到，無論男性還是女性，獲得幸福婚姻生活的祕訣就在於「心情要經常保持愉快」。

而寵愛男性的方法是「全盤接受他的付出」，實際做法是：**笑容滿面，保持著美麗和可愛的樣貌，明確告訴對方自己想做什麼，接受來自男性的各種好意，然後用盡全力感到喜悅**。

總之就是專注於自己的快樂上，然後樂在其中，笑容以對。還有對於讓自己開心的人表達感謝，這就是寵愛男性最具體實踐的方式。

現在能讓你立刻展露笑顏的事情是什麼呢？

不煮飯外食、週末去赴一場很棒的約會、把小孩給別人照顧幾小時、將衣物送洗等等。

去做這些事吧！這麼做既能任性的跟先生撒嬌，還能讓彼此的感情變得更好，這樣做可不是為了自己，而是為了夫妻的生活喔！

功課

寫下十件立刻能讓自己展露笑容的事

◎愁眉苦臉的女性會養出廢柴男性。

◎一昧對男性犧牲奉獻，毫無意義。

CHAPTER

3

讓女性擁有理想人生的方法

概念篇

邁向專屬的幸福人生

七年前，當時二十六歲的我有許多煩惱：

- 如何提高自己的價值和收入？
- 成天埋頭工作，有機會結婚生子嗎？
- 優質的單身男子會喜歡上自己嗎？
- 希望周遭能出現具有魅力的人。
- 自己的條件不好怎麼辦？
- 繼續待在目前的職位，無法晉升好嗎？

我當時正處在——

- 和男友維持拖泥帶水的關係，既沒勇氣分手，也沒勇氣踏入婚姻。
- 雖然做著夢寐以求的工作，卻經常覺得現實與想像的不一樣。
- 工作很忙碌，沒有多餘的時間和心力去尋求新的對象。
- 沒有存款，而且還負債五十六萬（流汗）。
- 興趣是玩網路遊戲、逛網路論壇及卡拉 OK 來消愁解憂。
- 很在意日益發胖的身材，卻又瘦不下來。

總而言之，就是無法大聲對旁人說「我喜歡現在生活」的日子。

儘管現況讓我覺得很悶，但看看身旁的人也都過著同樣的生活，遂試著讓自己安心，或是試著絕望……

我試圖說服自己「憑我的程度能達到現況已經很努力，算是幸福了」，但仍舊無法說服自己，放棄往前。

我知道跟我同世代的人，有很多人過著更美好的人生。

他們與我的差異還不到天壤之別的程度，但我對他們是如何辦到、自己究竟哪裡不行都一無所知。

- 如果能長得更漂亮一些……
- 如果能做更有價值的工作……
- 如果能更有能力……
- 如果能被更好的男性愛著……
- 如果父母別事事否定我……
- 如果能更有錢（至少也要有達到平均值的存款）……

若是這樣，或許我就能過著比現在更幸福的人生吧！

回想起來，這些根本全都是否定自己的話（笑）。但當時我的確會透過與別人比較，來找出自己的不足之處（還認為這種檢討方式很正確），而陷入煩惱和沮喪之中。

我完全沒發現，我並不喜歡自己，也對自己毫無自信，甚至努力修改毫不相干的地方，最後完全陷入挫折跟沮喪之中。

此外，我也曾歷經對於「擁有一切的人」羨慕得無法自拔，卻礙於自尊心無法採取任何行動，最後只能透過批判他人來顧全顏面的時期，當時的我甚至每天以批判別人的部落格為樂……（流汗）。

直到某天我突然發覺一件事：爭取「專屬幸福人生」的方法，既非努力去彌補天生不足，也不是迎合他人來改善處境，不是擁有能認同、接納自己的人，更不是金錢，而是：

了解自己，運用個人專屬魅力，抱著想要幸福過人生的勇氣。

我在這段期間，為了讓生活過得更好，所投入的金錢、時間、努力超乎大家的想像（笑）。

過去我居然一再被「自己只有這種程度」的情緒給絆住，好幾次想放棄人生……（淚）。

擁有幸福的人生，決定權在自己手上。因此也只能靠自己發掘，靠自己親手掌握。

找到合適工作前，做什麼都不長久

接下來，我想讓大家知道如何找到個人專屬魅力，並加以活用的方法。

二〇一五年十一月，我決定離開當時任職的公司，自己創業。我目前的主要工作是經營女性心靈改革學院。

我開辦「魅力覺醒」課程，目標是強化女性心靈的力量，為女性的事業、創業、戀愛、婚姻、育兒等生活奠定良好基礎，同時發覺自己獨一無二的魅力。課程開辦二年多以來，每堂課都座無虛席，門票往往轉眼間銷售一空，也幫助一百七十位以上女性找到了她們自身的魅力。

我外出工作的日子，僅限於每個月幾天去自己最愛的學院授課。其他時間多半是待在家裡寫寫部落格，或是看書度過。

但如今我的收入卻是過去當上班族時的十倍，住進了過去我所憧憬的六本木大廈，在家附近徒步兩分鐘的地方，還有間我很喜歡的美體沙龍。

我是如何擁有這樣的生活呢？

其實我並非天生就有強烈的創業欲望與才能，是直到二十八歲時，我開始思考自己想要什麼，才讓我走到今日，有機會擁有自己的事業。

十七歲時為了與相戀的流氓男友結婚，我和他形同私奔，高中畢業就開始工作了，從那時到現在，我輾轉換過七個工作。

高中畢業後在手機通訊行上班，接著是旅行社、當女服務生、製作網頁、維護伺服器、行政職、電腦CAD繪圖員、設計、業務、最後是創業。想想，我做過的事還真是不少。

過去的我之所以頻頻換工作，是因為我沒找到能發揮自身才能的天職，只顧著用消去法篩選工作，對人生感到徬徨。

二十八歲轉行當業務之後，我才了解了自身的魅力，懂得去面對真實的自我。

富蘭克林手帳幫了我很多，開始寫手帳後開啟了我人生的轉捩點。當時我想實踐自我啟發名著《與成功有約：高效能人士的七個習慣》（*The 7 Habits of Highly Effective People*）裡頭的方法，於是在那本書和手帳上寫下：「成功人生的關鍵取決於自主性」。

所謂自主性，簡單來說就是「自己做決定」。

那本手帳對我而言幫助很大，它讓我第一次寫下了「我能自行決定使命」，同時為了達成使命，日復一日完成今天該做的事，並深信總有一天，我能夠達到我所想要的事。所以如果一開始，你沒有定下使命，那麼一切就毫無意義。

在使用富蘭克林手帳之前，我始終都認為「只有那些少數的傑出人士身上，才有所謂的使命」例如：

「用自己的〇〇來改變世界吧！」

「打造出全國第一的〇〇吧！」

使命是像這樣，且只存在能成就豐功偉業的大人物身上，對像我們這樣的平凡人來說，使命根本不存在。

然而當我看完書，內心油然升起一種感覺，「所有人都是一樣的！我應該也有自己的使命才對。」而且這份使命，是由我自己決定的。

當時的我大受衝擊……

從未想過自己身懷使命，我對於那欄該填什麼也毫無頭緒。從此以後，我便展開追尋自身使命的道路。

做什麼事最快樂？

當時我認為能「以自身使命為業的人」，是擁有一般人望塵莫及的才能及熱情的天之驕子。

例如：手塚治虫先生，由於太熱愛漫畫，即使胃癌最嚴重的時刻，仍躺在醫院的病床上繼續工作、數十年來只睡三小時等，像是這樣擁有許多軼事、熱情的天才，還有像鈴木一朗、史蒂夫賈伯斯等等充滿天分的人。

雖然如今很想大肆吐槽被天才束縛的自己，但當時的我真心認為唯有對某件事充滿熱情到廢寢忘食，回過神後發現已稱霸世界的人，才是能將使命當成工作者。

手塚治虫的確兼具繪畫和創作劇本的才能，但其實世界上也有很多人同樣兼具這兩種才能。

再回頭看看鈴木一朗和史蒂夫賈伯斯，拜讀過他們的傳記後，我發現這些人與其說是才華洋溢，不如說他們比任何人都熱衷實踐，因而成為該領域的頂尖人物。

由此可見，才能與其說是某種技能，不如用熱愛來形容。能熱衷於某種事物上，或許就是屬於對方的才能……

我是在思索關於「個人專屬魅力」時才察覺到這點。

我覺得想成為充滿魅力的女性，就必須打理外在，因此會給予學生化妝和穿著打扮的建議。一開始，我會建議她們先從模仿喜歡的藝人做起，就在此時，我有了驚人的大發現！

我發現，她們喜歡的女性藝人中，都潛藏著自己的身影。

清新系的學生會選擇像新垣結衣這樣的女藝人為對象，有個性的學生則會選擇如長谷川潤等有點個性的女藝人。

而我也一樣。我非常喜歡葉恭子，初次見到葉恭子小姐時，我就自然而然覺得她很棒。

並非有人跟我稱讚、推薦過她。我是在毫無任何目的的情況下，情不自禁覺得她很棒。仔細一想，我從以前就偏愛強勢而非清新系女性。實際上別人對我的評價，也大都覺得我是位強勢的女人，從來沒有人說過我的氣質清新（笑）。

比起葉恭子，有更多女性喜歡綾瀨遙，這並非誰比誰好，純粹是出於個人感覺而已。

當時我覺得葉恭子很棒，認為葉恭子很棒的「我」也很棒！

所謂情感，是種無法受他人命令而改變，也不受他人指揮和意見左右的感受。因此自身情感，是上天賦予每個人的特別贈禮。

進一步來說，情感也是無法自行控制、專屬個人的聖域，因此請大家把心自問：

「自己做什麼事的時候最快樂？」

「做什麼事時，最能發揮自己的本領呢？」

我想這些就是自己的才能、是你的專屬魅力，能連接使命的天線就在那裡。於是我秉持著這種想法，重新且認真的思考「自己究竟喜歡什麼」。

回想孩提時期，找尋才能

我認為「孩提時期」最能看出一個人的天性。

因為孩子幾乎沒有先入為主的偏見，以及判斷是非善惡的能力。

每個孩子的個性都不同，有的孩子很愛哭；有的很固執；有的愛撒嬌。有喜歡獨處的小孩；有喜歡人陪的小孩；有喜歡動手做東西的小孩；自然也有活潑好動的小孩。

不管是誰都極具個人特色，也是每個人最真實自然的面貌。

當孩子慢慢長大後，人會開始意識到自己與他人的差異，像是「啊，原來大家不會說哭就哭」。或是被周圍的人說「○○真是愛哭鬼」後開始覺得這種行為不妥，使本性逐漸加上了一層「常識」和「普遍」的面紗。

因此我建議各位不妨揭開至今蓋住自己本性的面紗，從各種角度挖掘出孩提時代的自我，恢復深藏已久的喜好。

話雖如此，就算曾熱愛畫畫的人，也未必代表適合當設計師，或是漫畫家。我們不能只單純探討「愛畫畫」這個行為，還得深入思考如何喜歡？為什麼喜歡？才能看清楚許多事。

以畫畫這件事來看好了，若某個孩子喜歡模仿實物，勝於畫出想像中的畫面，代表比起從零到一無中生有的工作，他更適合朝已有的事物去拓展。

相反的比起動手畫出來，他更愛的是幻想住在哪種房子裡？過著什麼樣的生活等等喜歡想像的人，說不定他適合的是從事發想的企劃工作，或是創作劇本等。

回想起五歲的我已是位十足的小大人了，我還跟好幾位男孩說長大要嫁給他們，甚至跟同大廈的小男孩聊個沒完，其他孩子都在玩捉迷藏時，我跟他兩個人卻喜歡待在房間內聊天。

「〇〇喜歡什麼顏色？」

「我是喜歡藍色。」

「〇〇最喜歡的食物呢？」

像這樣沒完沒了地想了解對方的喜歡，簡直跟我現在做的事如出一轍呢！（笑）。

不知道，各位以前又是位怎麼樣的孩子呢？

功課

從自身「喜好」挖掘出才能吧！下面問題中，回想「十歲前」、「十歲」、「二十歲」這三階段的狀況：

1. 做什麼事情時感到很快樂？
2. 你喜歡這些事當中的哪個部分呢？它帶給你什麼樣的快樂？
3. 這些事情有什麼共通點？

決定自我的使命

除了孩提時的喜好之外，思考「什麼工作最讓自己感到充實」對於找出自身的使命與天賦也很有幫助。你從事何種工作時最耀眼？內心為何及如何感到充實？這些層面也得深入探討。

以我的情況為例，當我身為業務向客戶提案，獲得對方認同的時候；在眾人面前演講的時候；以及被大家稱讚好厲害的時候。

我認為自己處在這種時刻最耀眼，內心會覺得很滿足、很充實。

當我試著思考其他內心湧現充實感的時刻時，我發現它們的共通點在於「跟人談話」。

於是，我再度察覺自己最愛的是跟人交流。由此可見，我根本不適合設計的工作。

我很不擅長獨自一人默默思考、埋頭苦幹的作業。

對我來說，當我從事設計時，最開心的時候是在大庭廣眾下面對客戶進行提案。

我也曾問過丈夫「感到自己最耀眼的時刻」是何時，他的回答是：「解決問題的時候。」我的先生是一位工程師，在面對「不曉得是否可以解決」的狀況，靠自己的力量解決、調查找出答案時，會感到無比的喜悅。

我在做設計工作時，有時不過是做一些重複的工作，就讓我感到筋疲力盡（笑）。所以即使是在同一個行業，經歷相同的體驗，也不見得每個人都能感受到樂趣，真的是因人而異，每個人都有自己專屬的感知天線。

人從事自己喜歡且能樂在其中的事時，就算做再多也不嫌累。

而且透過自主性地思考，對於目前做的事進行反覆驗證，就會得到結果。得到結果後，就會更加喜愛自己做的事，獲得更好的結果，引發正面的連鎖效應。

赫赫有名的湯瑪斯・愛迪生曾說過：我根本沒有上過一天班，因為不管做什麼都有趣極了！（I never did a day's work in my life. It was all fun.）

如果在生活中能一直處在這種狀態，肯定超級棒。於是，當時的我發現了自己的喜好後，決定了自己的使命：

「我要成為一位頂尖的業務，成為當時任職公司的社長，然後在一手栽培我的建築業界，建立屹立不搖的地位。」

雖然最後我在請育嬰假時創業離開了公司，很乾脆的放棄我原先訂下的夢想（笑），但這尋找的過程卻讓我有了意外的收穫。

因為發現了喜歡的事，改變了我面對工作的態度，所以就算是依然待在同一個職場上，心態也會完全不同。連我先前極度不情願做的工作事項，頓時都變得有價值起來。

雖然後來我的使命改變了，卻也是因為當初做了這個決定，最後才引領了我走上創業之路，因此請為自己定下一個目標吧，這件事無比重要。

功課

試著去思考並尋找你的使命與適合的工作：

- 迄今讓你感到充實的職務和角色是什麼呢？
- 今後該朝什麼方向前進，才能過著充實的每一天？

人不需要十全十美

以前的我，對於才能以及魅力的認知，有兩大誤解。

第一就是「魅力取決於他人」。

當擁有這種想法時，會讓自己忍不住與他人較勁，同時認為只有獲得他人認可，自己才是有魅力的。但事實上並不是這樣的，無論是使命還是魅力，我們都可以自行決定。

魅力也包含了自身的情感投射，所以將自認優秀之處當成自己的魅力也可以。

另一個則是「越完美魅力越大」。

從前我認為社會像是一座金字塔，人生就是得設法往上爬，而唯有無所不能的人，才能通往「金字塔頂端」。

但是這想法簡直大錯特錯！看看漫畫裡出現的人物，就算是活躍的角色，也會有明顯擅長跟不擅長的事。

正因為每個人各有所長，同心協力才能讓企業成長。

全能的角色幾乎不存在，即便有也沒有存在的必要（笑）。

如果哆啦A夢中的出木杉同學成為卡通的主角，那麼其餘角色就無法發揮魅力。所以在卡通內，完美的他，只能淪為配角。

那為何在現實生活中，我們卻以想要成為完人為目標呢？

每個人都有擅長跟不擅長的部分，每個人也都是自己故事裡的主角。

以美女的身分充滿自信的生活

什麼樣的人可以稱得上是「美女」呢？我以前也用大家的標準來認定，像是藝人或如模特兒般五官姣好端正完美的人，才配稱得上是美女。

拿我自己來說，以世人認定的美女標準來看，我的雙眼間距太大，鼻子也不挺，嘴唇太突、個子不高、臉大、小腹突出、內雙……（我花了十年，天天用雙眼皮膠配合按摩，才總算變成外雙眼皮）。

我那「差強人意的外表」，已經被許多人批評了三十年以上，當中最了解我的莫過於自己，因此我始終認為自己的外貌不可能和美女畫上等號。

我在首次加入社群網路 SNS 時上傳了自拍照，我之所以會這麼做不是因為對自己的外貌有自信，而是想讓看到照片的人認為「像這種長相的人都有人愛，我也可以吧！」進而產生自信。但眾人的回饋卻與我預想中的完全不同，出乎意外的開始有人讚美我的外表。

起先我認為對方只是在開玩笑（笑），如今我才終於明白，那張照片之所以能獲得稱讚，是因為我笑容滿面、心情愉悅，不是為了想獲得誇讚而拍下的照片。

當我選擇被稱讚漂亮也不謙遜，被罵醜女也毫不退縮時，自信的態度，便在無意間讓我成為了「美人」。無論五官再怎麼美，但自認不漂亮，無法打從心裡流露自信、綻放笑容的話，便無法讓人感受到美麗。

自我認同很重要。先認同自己出色之處，面對其他人如「哇啊，那傢伙居然會這麼有自信」、「她自認為自己是美女吧，看起來根本不怎麼樣」等抨擊言論，也抱持著一律忽視、毫不介意的覺悟。

不管別人講什麼，都要堅信：「我很漂亮！我很可愛！」

這就是認同自己魅力的第一步。

◎才能要能開花結果，必須是你所愛。

◎世上不需要完美的人。

CHAPTER

4

讓女性擁有理想人生的方法

基礎篇

束縛你的和你想的不一樣

前面我看似談論了許多主張，但整本書我想傳達的訊息只有一個，就是「請隨心所欲而活吧」。講的很簡單，但執行上真的很難！

在我看來，無法隨心所欲而活、一味忍耐、只會單方面努力的原因是「不信賴對方」。

因為不信賴對方，怕自己會被責怪，導致在自己和對方套上了許多限制，而只專注在看似「正確」的事情上。

至於無法信賴他人的原因，可能要回溯到如何與父母相處。

父母是我們人生中，最先與我們產生關聯的人。恐怕也是這世上最信賴、疼愛自己、無論發生任何事都會替自己加油的對象。如果我們連對父母都無法暢所欲言，總是在意父母會怎麼想的話，八成也無法不在意他人的眼光吧？

過去曾被各種成見束縛的我也是如此。

我不相信我的父母，也不信任其他人。我總覺得表現得不夠好，或是沒有受到他人認同，就會被周遭的人抨擊。

直到某次，我對母親的看法改觀後，才讓我的想法，甚至人生產生了巨大的轉變。

當我能信賴父母時，不知不覺中也肯定了自己

那麼我又是如何對母親改觀呢？

我想分享我自己的故事，雖然有點長，但請各位也跟著我一起回顧自己的父母吧！

當我發現「認同自身魅力」就是「愛自己」的時候，最先想到的是「愛究竟是什麼？」再三思考過後，我做出的結論是「父母對孩子的愛才是極致的愛」。

孩子還在強褓中時完全無法自理，無法自己換衣服或吃東西，必須有人照顧才行。父母並不會抱持著「要是這孩子飯能吃得更多，我就會更喜歡他」的想法吧？

父母對子女是無所求的愛，不但不會索取任何回報，也不會嫌棄孩子，就算孩子一無是處也沒關係，滿心只希望孩子能獲得幸福。我認為這就是極致的愛，而對孩子灌注最多愛的人，是母親。

讀到這些話，內心覺得疑惑的人，代表你可能沒有感受到母親百分之百的愛，我就是這樣的人！

我是直到近幾年來，才感覺到「原來媽媽只要我幸福就好」，進而百分之百感受到母親的愛。

從小父母對我的管教非常嚴厲。我的母親是一個好面子的人，如果國家舉辦「愛面子父母錦標賽」，她肯定榜上有名。

我唸國小時每週有四天要補習，門禁是下午四點半，零用錢超少。母親甚至連我裙子的長度都要管，還會動不動就拿我跟別人比較，對我說：「別人家的小孩那麼優秀，你為什麼會這樣？」

我唯有做到母親認同的事時，才會被稱讚。像是考出好成績，或是認真去做她希望我做的某件事等。

當我想去做自己喜歡的事情時，得到的往往是母親全盤的否定。

從小到大，我始終認為，自己充其量不過是母親的炫耀品而已。

將我栽培成大家眼中的好孩子、上優秀的大學、進入好的公司……然後大家都會說是母親的功勞。我始終認為母親的心裡是這樣想的。

因為每當我做錯事時，母親就會責罵我：「你做這種事，會讓媽媽被講閒話。」

所以我一直覺得：「啊，媽媽並非是擔心我，而是為了自己。」

對此極度厭惡的我，在十多歲的後半段開始失控。高二時遇到流氓男友，認定「我的自由就在這裡」，然後化身為黑辣妹①！

原本就讀升學名校，卻開始不斷的蹺課、離家出走，連考大學這件事也放棄了。高中一畢業就跟男友私奔同居，每天穿休閒運動服無所事事的泡在柏青哥店。若不是當時的男友成為了尼特族②，我肯定會順其自然的十幾歲就生了兩個小孩吧！（笑）。

我沒跟其他同學一樣考上好的大學，進入好的公司上班，更沒有任何實習跟面試的經驗，與其他人顯得格格不入。那十幾年間，我的人生一路跌跌撞撞。

為此我曾恨過母親，覺得要不是她當初對我那樣嚴厲，我早就跟普通人一樣去上大學，過著平順快樂的人生！

但也因為我後來努力改變，再經歷十多年的磨練，二十八歲時總算獲得了與高中同學們相同水準的薪資。

過去母親老是不停責備我「你當初就該去上大學才對」，聽到這些話，我始終用力按捺住心中想回嗆「還不都是你害的」的衝動，最後總算在母親面前爭回了一口氣。

在那之後，儘管我對母親仍有怨懟，但心裡卻也莫名的逐漸釋懷了。

我發覺母親的生活，其實也都是由不得自己選擇的，這種講法雖然令人

①是某種獨特打扮，特色是曬得焦黑的肌膚、染色的頭髮以及很濃的妝。因為日本年輕人討厭一直以來偏保守的時尚，因而產生這種比較性感且叛逆的打扮方式。

②指不升學、不就業、不進修，也不願意參加就業輔導的年輕人。

絕望，卻很真實。我思考著：

「母親又在何種背景下長大呢？」

「為何母親會如此執著於成績、如此的愛面子？」

我的腦海內浮現了她在二十歲時的經歷，母親念高中時曾有個夢想職業，想要達成夢想就必須就讀四年制大學，然而外公外婆卻認為「女生書不用念這麼多」而不肯答應。

雖然在母親百般央求下，後來勉強讓她讀了短期大學，但畢業後因資格不符等問題，所以她所從事的工作，並不是當初夢想的職業。

在母親心裡，對於當初無法讀四年制大學感到耿耿於懷。或許她認為想獲得幸福，就必須考上四年制大學，沒能實現願望的她，因為無法從事理想工作飽嚐艱辛，所以絕不要讓自己孩子抱持相同的遺憾。

她抱持無論如何都要我上大學的想法，對我進行幼兒教育、接送我去補習、做便當……這些關於教育我的大小事，我發覺她都是卯足全力在做。

以前的我始終認為，母親這樣對我，純粹只是想向人炫耀，自己的孩子畢業於一流大學而已，但實際上全都是為我好而做的事。

當我發覺這件事後，內心受到很大的衝擊。

母親只期盼我能獲得幸福

懂得體諒母親後，我回頭看看她所對我做的一切，突然領悟到：「啊，原來那是母親的愛啊！」然而我心中已埋怨了十多年，一時之間也無法煙消雲散（笑）。

「是這樣嗎？但明明她就是個愛面子的人啊！」光是這件事，我就整整想了三天。

與此同時，我又回想起另一件事：

「母親過去並非是個面子的人。」

她曾組過樂團；上過電視選秀節目；開車出門時，也不會把當時是嬰兒的我放在汽車座椅上，而是放入籃子內，直接擺在副駕駛座上，明明就是個相當隨性自由的人。

她究竟在何時變得如此在意他人目光呢？

仔細一想，她的改變或許是在我們搬家後。母親是土生土長的北海道人，北海道擁有遼闊的土地，那裡的人心胸寬闊多半有話直說，不需要時時察言觀色。

母親維持著這樣的生活方式，直到三十多歲時碰上父親調職，才舉家搬到東京埼玉縣的大廈。對母親來說環境改變太大，讓她很難融入新的生活圈。別說是母親，就連當時七歲的我來到新學校，也很快的遭遇到霸凌。

也許當時的母親認為，如果我繼續維持過去的生活方式會受到傷害，因此才要我學會更注意、更顧慮到他人。她或許也是為了避免我受到傷害，才會改變自己。

絕大多數的父母都希望自己的小孩能自由自在地成長，然後率性而活。

然而實際上會讓孩子恣意生活的父母是少數，我初次驚覺，母親可能是為了保護我才會變得如此在意別人的目光。

在此，我希望大家能認真思考以下兩個功課：

功課

父母曾期望培育你成為怎樣的女性呢？

我大多學生的答案是：進入好公司、繼承家業、成為老師等從事世人眼中的優良職業，接著在適婚年齡跟出色的男人結婚，度過生兩三個小孩的安穩人生。不知道大家的答案又是什麼呢？

功課

你希望自己孩子過著怎麼樣的人生呢？
關於這個問題的答案，相信大多數的人都希望孩子能過自己喜歡的人生、展開幸福的笑臉就好。各位的答案也是類似這樣嗎？

大家是否發現，以上兩項功課的答案有著很大的分歧嗎？這其中隱藏著一個很大的誤會。

父母一心期盼的只是小孩能獲得幸福，其餘附加條件，是他們展現這份期盼的形式。

即使希望小孩隨心所欲投身熱愛事物的母親，在聽到孩子說：「我想當戰地攝影師前往戰亂地區」也會全力阻止吧？雖然這是很極端的例子，但這跟建議孩子從事安穩工作其實是相同道理。

父母必定會想憑著自身的人生經驗，提供給孩子「高成功率的幸福選項」。

其中結婚生子也是父母極力推薦的選項。儘管婚姻生活一言難盡，但對於母親而言，結婚生子及育兒經驗非常幸福，所以她們才會忍不住希望孩子也能擁有這份幸福。

但這終究只是種選擇，而非必要。

只要孩子覺得幸福，即使不是從事什麼了不得的工作，不結婚生子也無所謂。然而很多孩子卻認為這是必要選擇，甚至產生罪惡感。

看到這裡，你的內心是否深受衝擊呢？

這個概念也可以運用到其他事情上。

例如：如果你覺得母親整天埋頭工作，沒時間聽你說話。可以去思考「為何母親要那麼拼命工作？」當換位思考後，也許會發現她其實也很想陪你，但為了能讓你無憂無慮升學只能拼命工作。

當我們能逐漸體會到父母的苦心時，請務必與父母聊聊，直接跟父母確認他們的心意吧！

與父母當著面好好對話後，確認自己猜想得沒錯時，相信你對世人的看法就會有一百八十度大轉變。

母親並非不愛我

也許有人會覺得，上述的說法太過武斷，難以認同。但若你無法理解親情，很有可能也無法理解愛情。

無法如實地接納他人的愛，往往是因為內心有一套先入為主的「愛情觀」。

例如：我對「自由」相當執著，所以我始終認為，愛情就是全力支持我做喜歡的事。

這是我認為的愛的形式，如果對方給予的不符合這種形式，我就會覺得對方並不愛我。

母親為我著想的方式並不符合這種形式，所以過去的我始終無動於衷，這樣的愛並不是我所要的。

面對男性的示愛也是如此。我過去認為連任性都能包容的才是愛情。因此對於聲稱喜歡我，卻不願意達到我任性願望的男性，始終都感到不滿意。這也代表著，我限定對方必須提供我想要的愛。

猛然理解到自己錯誤的想法後，之後就算別人表現愛的方式並非我所期望的，我也逐漸能接受。

過去我曾邀請自己很尊敬的創業家——SHOWROOM株式會社代表前田裕二先生來為我的學生們演講。

前田先生由於私人因素，懂事後僅與母親共同度過四年的時光。縱然如此，他也能堅定的說自己是在備受疼愛下長大的孩子。若換做是我，八成很難說出自己是在百般寵愛下長大的吧！

聽到他的話後，我再度確信，無論我們的成長歷經如何，仍有可能靠自己去領會到愛。

我與父母相處的時間，遠比前田先生來得長，而父母也對我付出許多，但我卻完全無法體會父母對我的愛。

愛的形式和深淺並非取決於供應者，而是接受者的認知。

我們不妨把父母和配偶的愛假設成是一種「深沉的愛」的型式，試著先接受他們的行為，然後思考對方為何要這樣做？其中包含了什麼樣的愛？

一旦你能夠理解、體會，真的會改變你對世界的看法。

育兒不需要自我犧牲

當我真心信賴父母、配偶跟他人後，變得能夠不介意別人對我的看法，能放手做自己想做的事，就連育兒也是如此。

普遍來說，照顧孩子的母親，總是將自己的需求放一旁，以孩子的需求為最優先考量。

生產前我曾認為，育兒的過程母親得極度自我犧牲。

為孩子將自己的事擺在一旁，這就是母親；為孩子承受一切的艱辛及痛苦，這就是母親；就算累得半死，看到孩子的睡臉，疲勞就會一掃而空，能打起精神明天繼續努力，這就是母親。

為小孩自我犧牲的程度，最後演變成衡量母親好壞的標準，而且還不得不這樣做，因為社會上大多數的人都覺得「母親應該這樣」。

這些事對我來說，真是莫大的威脅。

因為無論再怎麼往好處想，我也自認為無法懷抱著如此慈愛的心去對待孩子，就算我再怎麼努力想成為好媽媽，我也無法做到那樣。

無論如何，我都達不到大眾眼中「認真媽媽」的標準，想必會遭受社會、學校，甚至是自己母親的責備吧！大家一定會罵我：「妳一點都沒有身為母親的自覺。」我忍不住胡思亂想，越想越覺得煩。

然而，這三年來，我實踐了以自己為優先的育兒方式，縱然偶爾受到批判，但反而獲得更多媽媽們的支持。結果認為我會飽受抨擊的，竟然只有自己（笑）。

果然除了丈夫之外，父母、公婆及世人們，都比我想像的還要溫柔。

一味犧牲毫無意義

暫時放下女兒與丈夫單獨約會，是我婚姻生活最重視的部分。

女兒出生三個月後，我們開始這麼做，如今已成為少不了的慣例，有時是假日有時是平日晚上，每個月會單獨約會兩次。

聽說許多夫婦生完小孩後，再也沒有單獨約會過。但我認為暫時放下孩子兩人約會，對於維繫夫妻關係相當重要。

夫妻倆共享好吃的食物暢飲美酒，然後談天說地，不僅是最棒的喘息，也可以好好認真討論育兒和未來工作規劃，是相當寶貴的時間。

即便當了母親，我認為獨處時間、夫妻時間及家族時間可各自並存，這

麼做之後，結婚生子反倒是種增加快樂選項的事。

為人生增添更多快樂的選項，才是結婚生子真正的醍醐味吧？

當我詢問媽媽們有什麼煩惱時，不少媽媽會跟我反應：「丈夫沒有當父親的自覺……」，聽到這個，我反倒會懷疑這些妻子當母親的自覺是否太過強烈了。

一般來說，男性會將自己、夫妻、家族的幸福感受分開思考，然而女性成為母親之後，往往容易將「自己的幸福」跟「當母親的幸福」劃上等號。但是根本就沒有必要這樣，每週挑一天，試著忘記自己是媽媽的身分也沒關係。

我斷然放棄，成為周圍人們及世人眼中的「好母親」。

我會隨心所欲的放手去做那些，不像是「好母親」會做的事。

例如：把孩子託付給托兒所和丈夫，每週出去喝酒；每個月去旅行；去按摩或做指甲；每個月跟老公約會兩次，還有完全不做家事。

生孩子的其中一個好處，是讓我明白儘管成為母親，還是能隨心所欲做自己想做的事。

至於我的育兒理念，是協助小孩去享受屬於他們的幸福人生。

所以身為母親的我，也想盡情享受人生，當小孩的楷模。

我只是基於自己的想法，實踐最能讓我的孩子獲得幸福的方法而已，無論別人怎麼說，我也不打算改變。

我也曾擔憂過，或許這種方式，會在某天為我帶來困擾。

例如：我外出的頻率遠高於一般的母親，待在家裡也是經常在孩子身邊工作，讓小孩自己玩。我想孩子到了青春期，八成會埋怨我吧！

「媽媽都不會為我好好做頓飯，也不會洗衣服。」

「媽媽總是只顧工作和自己，完全不愛我。」

搞不好孩子還會為了引起我的注意，故意對他人造成困擾、惹是生非。也有可能恰好相反，為了怕給我帶來困擾，成為過度察言觀色、戰戰兢兢生活的小孩？

儘管如此，我也沒有任何削減工作和樂趣替小孩做牛做馬、增加親子相處時間的念頭。因為我想就算這樣做，小孩仍會衍生其他的不滿。

「媽媽滿腦子只有家庭，將指望全放在我身上，感覺好沉重。」

「○○的媽媽在上班，既有錢又漂亮，但我的媽媽既窮酸又經常愁眉苦臉的樣子，看了就討厭。」諸如此類的話。

孩子對於母親的不滿，很可能是欲加之罪。假如我們也曾經如此過，應該更能感同身受。

像我面對人生中的不如意，總是習慣怪罪在父母身上：

- 怪母親太嚴厲，我才會叛逆不去上大學。
- 怪母親太任性，我才會如此任性。
- 怪父母感情太好，我才會找不到對象，才會無法結婚等等。

但是當我感到人生幸福時，想法又截然不同：

- 多虧沒上大學，我才能體驗到人生不同的樣貌。
- 多虧母親很有自信，讓我也產生無比自信。
- 多虧父母感情融洽，我才能認為婚姻很不錯。

當我察覺到這點時，再次感到震驚，我了解到：

對孩子一廂情願地犧牲奉獻，根本毫無意義。

無論我採用何種教育方式，一旦女兒的人生過得不順遂，便會怪到我頭上，如果過得順遂，功勞又是歸在女兒身上。

既然女兒有這樣做的權利，我也沒有立場限制她。

盡情恨我也無所謂，毫無感謝也無所謂。關於育兒，我是當真發自內心認為，其實父母無法為孩子做什麼！

我們唯一能做到的，就是讓自己幸福而已。

無法相信父母的愛，
就不可能信賴他人。

CHAPTER

5

不為金錢所苦的方法

二十多歲時，我負債累累

「選擇做喜歡的工作，那錢的方面該怎麼辦？」

接著來談錢的事吧！目前受制於金錢的人也請務必讀下去。

我過去曾有很長一段時間過得相當貧窮。高中畢業後第一份工作，是在手機店裡上班，每個月實領四萬。後來雖然歷經多次轉職，但到二十五歲後，月收入也從未超過六萬。

二十七歲夜校畢業後，是我人生最貧困的時期，那時為了去上學，下午四點半就得從公司早退，結果我每個月只能實領三萬多

倘若要維持基本開銷，每個月還少一萬，所只能靠借貸補貼。當時我的債務應該多達五十六萬。

其中有二十萬是借給先前提到的那位流氓男友。因為他很愛打柏青哥，所以我就借錢給他玩（笑）。

「畢竟我只有高中畢業，賺很少也沒辦法」、「借錢給男友是難免的」……我曾經認為這些情況都是理所當然的事。

但即便我的條件不變，當我轉行去從事業務工作時，年收入最高多達一百五十萬！

只要能將自身能力發揮到淋漓盡致，就算只有高中畢業等不利的因素也阻止不了你。

金錢不是忍耐費，而是勇氣費

世上絕大多數的人，都把忍耐跟努力混為一談。

這世界上很多人認為「努力」的事，多半只是在「忍耐」罷了！

- 每天在規定的時間內打卡上班。
- 每天早上搭乘人滿為患的交通工具通勤。
- 儘管身體不適，仍去上班。
- 領超低薪資也不能抱怨，只能認份工作。
- 認真做著自己毫無興趣的工作。
- 拼命省錢維持生計。
- 怕浪費，不買自己想要的東西。

- 無法拒絕自己沒意思的男性邀約。
- 聽朋友沒完沒了的負面抱怨。
- 參加不想去的公司聚會。
- 努力做著討厭的洗衣打掃等事。

以上這些事全都不是努力，而是忍耐。

努力和忍耐是兩回事。努力應該是能樂在其中，同時還能讓自我有所成長的事。

- 為了變美麗去美體沙龍。
- 投入聯誼尋找理想伴侶。
- 觀賞喜歡的電影及漫畫增進品味。
- 上網瀏覽自己感興趣的事情。
- 設法調配時間去見想見的人。

以上才是能讓自我成長，貨真價實的努力。努力肯定會有回報，但一味忍耐，決不會有任何回報。甚至還會讓別人誤以為「你是因為出於喜歡才做」，所以真的不要再繼續忍耐下去了！

我們從小到大都被父母、學校、公司甚至新聞媒體灌輸「想賺錢就要忍耐」的觀念。所以我們才會一直努力唸書、工作，期望能過更富裕的生活。但我察覺到一件事：「金錢＝忍耐費」的公式，僅成立在經濟高度成長期，在如今的世代中，早已無法成立了。

我認為，百般忍耐憑努力就能賺到錢的時代，已經結束了，取而代之的新公式為「金錢＝勇氣費」。忍耐不見得會賺到更多的錢，但鼓起勇氣，金錢確實就會增加。

舉例來說：

- 承擔比現在更多責任的職位。
- 跳槽到不同的業界、換公司。
- 跟主管談加薪。
- 放手一搏創業。
- 兼職。
- 透過部落格或IG展現自己的想法或品味。
- 去吸引有錢的男性。
- 跟父母或他人借錢。

以上這些事項的共通要素，與其說是忍耐，不如說是需要勇氣吧？

先鼓起勇氣決定要這麼做，然後努力斟酌調整行動或內容。努力當然不可少，但勇氣必須排在努力前面。

想創業的人更是如此，先鼓起勇氣砸下重本，如預定大型活動會場等，至少比無法鼓起勇氣時有更多賺到錢的機會。

所以若你自覺每天努力賺錢，卻沒得到相應的回報，不妨轉變想法問自己：「我有為賺錢，每天鼓起勇氣嗎？」也許這麼想之後，你會因此找到增進財富的方法。

順道一提，有時我會鼓起勇氣跟父母借錢（笑）。

因為當我向父母借錢時，他們意外地向我表示「不用還也沒關係」。只要接收到這個信號，說句「謝謝」便能一筆勾銷呢！當然我會還錢啦！每個月還個一二千也沒關係。（笑）

賺錢的勇氣更重要

很多人都有這樣的問題：

「我聽說金錢是有出就有進，所以這三個月來毫不顧慮的花錢（出門坐計程車、報名許多課程），然而不僅沒獲得任何相應的回報，錢也持續變少，最近已經開始省錢了，是我採取的行動有錯嗎？」

會這樣的原因在於，你只有鼓起勇氣花錢，卻沒有鼓起勇氣賺錢。

靠自己賺錢真的不容易，畢竟錢不可能平白無故從天上掉下來。

除非你明確向別人表達自己需要錢，否則沒有人會主動走過來問「你缺錢嗎？」

唯有決意表明「我想要錢」，才會有「希望我給你嗎」的回應，我的意思是為了賺錢必須實際採取行動。認為這種行為很現實的人，那我猜你應該就是以「金錢＝忍耐」的公式在謀生吧？

很多人認為花錢參加座談會和買書叫做投資，花在玩樂上面叫做消費，但就算花錢在看似學習的事物上，一旦費用無法回收，那麼就純粹只是消費而已。

花錢固然需要勇氣，但賺錢更需要勇氣。

我猜是因為要大家突然鼓起「賺錢的勇氣」難度太高，所以才會鼓勵大家先有「花錢的勇氣」，最後才能達到「想賺錢就先花錢」的結論。

因此光是鼓起「花錢的勇氣」就沒下文的話，最後錢變少也是理所當然。既然好不容易鼓起「花錢的勇氣」，不妨邁入下個步驟，鼓起「賺錢的勇氣」吧！

這麼做錢一開始會暫時減少，但跟不肯花錢的時候比起來，精神層面也會更好，但我們必需要讓花掉的錢轉變為投資，別只淪為消費。

想要達到這個目標的話，建議各位從自己感興趣的事物去嘗試，別因為價格就退縮。

就我自己來說，無論是上一個住所還是現在的家，兩個地方雖然都符合我心中想住的標準，但房租足足比先前高了兩倍之多。

我曾因為租金而煩惱不已，「真的沒問題嗎？」反覆問著自己。但我認為「令人覺得想要但價格高到苦惱的東西，代表可以買」。

對我來說，我根本不想要三十萬以上的愛馬仕柏金包等奢侈品，只會覺得超浪費，人其實不會為自己壓根負擔不起的東西煩惱吧？

雖然我理智上抱持著「會煩惱表示還承擔得了」的想法，但情感上卻過不去……不過我卻在提心吊膽的情況下，透過每一次搬家逐步改變人生。

我有一個能克服使用金錢的恐懼，效果好又快樂的方法，分享給大家。

那就是「別在超市看價錢購物。」

平常就用價格來決定價值，會過得戰戰兢兢的吧！不妨從今晚晚餐開始，享用自己真正想吃的東西吧！

以金錢作為選擇基準，不僅無法得到真正想要的東西，更無法獲得真正想要的體驗。

因為便宜就決定去買、去做的事物，絕對不是你最想要、最想做的事。將自身心情擺在第一優先的位置才有價值。

金錢並非忍耐費而是勇氣費，
鼓起「賺錢的勇氣」吧！

CHAPTER

6

放手去做想做的事

討厭的事就讓別人去做吧

為了能做自己真正想做的事，該採取什麼樣的具體行動呢？

首先是「不做討厭的事」。

過去我認為，即使是不擅長的事也得努力去做，直到讀完《現在，發現你的優勢》（*Now, Discover Your Strengths*）這本書後，我才開始懷疑自己是不是想錯了。

書裡主張人各有所長，優勢也因人而異，每個人該從事的是，能發揮自身優勢的工作。當時的我，深受這本書所感動，讓我產生動力，更全力以赴的投入工作之中，甚至還自掏腰包買書送給當時職場上的主管和部下。

優勢既多元又分散，每個人都不同。從此以後，我決意將自己不擅長的工作交給別人，只做自己擅長跟喜歡的事！

我覺得只做自己擅長的事，不僅輕鬆愉快又能獲得高成果，靠拼死拼活才能達到的成效，絕對贏不過原本就樂在其中的人。若公司內的每一個人都能分別投入個人擅長的工作，整個公司都會變強吧！

重要的是，並非決定做什麼，而是決定不做什麼。

每個人一生當中能做的事情其實少之又少。因此保留自己真正喜歡、擅長的事，當機立斷決定不做的事非常重要。

每次我說到這件事都會有學生反應：「上班族的職務都是被分派的，怎麼可能只做喜歡的事……」

其實上班族也能辦得到，一般來說上班族有穩定且固定的薪水，就算在不喜歡的事上偷懶一點也沒關係，首先要訓練自己「選擇和專注」，對整體人生就能發揮好的影響。

「專注於自己喜歡、擅長的事情上」絕對是個人成功的方法與勢在必行的目標。

在工作上，我建議大家使用二六二法則。

相信不少人聽過這法則，據說一個螞蟻窩中是由兩成辛勤工作的螞蟻、六成正常工作的螞蟻跟兩成完全不工作的螞蟻所組成，這個概念其實也常見於組織和集團中。

雖然我告訴大家只做自己喜歡的事，但總不可能明天就跟公司遞辭呈，邁向小說家的道路吧？轉變可以是循序漸進的。

那麼該怎麼做呢？具體作法是先將工作分類。

功課

先將工作分類：

1. 試著調整工作比例，將工作分為喜歡的兩成；普通的六成；討厭的兩成。
2. 思考用什麼方法可以不做討厭的事，然後付諸實行。

如果你的答案是「全部都喜歡」或是「全部都討厭」的話，代表你對事物的理解太過馬虎（笑）。

只要仔細思考，逐一細分，肯定能夠分類得出來。將工作事項中，先列出十個經常性的項目，然後進行分類吧！

接著思考能用什麼方式擺脫兩成的討厭工作。

對我來說，當時我最想擺脫的討厭工作是「帶領某位下屬」。於是我想辦法將他調到其他部門，我設法遊說主管說：「比起跟在我下面，他待在其他主管下，肯定能發揮得更好！」

最後雖然他從業務部轉調到工作內容截然不同的技術部，但轉調後的他發揮得比以前更好了，對我或對他來說都是好事，我很慶幸，當初有鼓起勇氣這麼做。

再來我也很討厭「確認下屬工作」這件事。

於是我貫徹「我不會下指導棋、也不會幫忙檢查」的態度。將工作「委派」並「扔給回去」。

當我這麼做的時候，一開始被主管跟下屬砲轟沒有責任感。於是我對主管表明：「我覺得這麼做能鍛鍊下屬。」也對下屬說：「你們要學習為自己負責。」堅持立場的我，即使眼睜睜看著下屬失敗也不出手幫忙，時間久了，下屬就懂得靠自己思考、努力提升品質。

這麼做不僅節省了我的時間，也提升了下屬對工作的參與度和工作品質，是一舉兩得的做法。

最後我再從剩餘的工作中，利用二六二法則加以分類。反覆用這個方法，設法將每天的例行公事，逐漸轉變成我喜歡的工作，最後我手邊只剩下跑業務這項工作。

因為我最喜歡的事，就是與人對話。

我常覺得「啊，只要跟人講話就能賺錢，真是超幸福！」

我們每天大多數的時間都在工作中度過，如果大多數的時間都是「只做想做且喜歡的事」，每天都能過得充實又快樂。

放手的事越多，越能提升成效

除了只做喜歡的事外，我也致力執行「不想去公司的日子就不去」。我非常喜歡甜食和美酒，但喝完酒的隔天一大早，往往會不想去上班。若以工作效率為考量的話，倒不如上午休息，中午再去上班，還比較能專注在工作上。雖然這麼做會消耗休假，缺勤也會被扣薪水，但我不想勉強自己去上班。

另一件也不做的事就是寫日報表，我是直接對主管說：「我今後不會再寫日報表。」

當時全公司只有我一個人不寫，主管還為此大發脾氣，但我發現了一件事，儘管主管大發雷霆，只要我不做他其實也拿我沒轍（笑）。

在工作上，因為我只專注在自己擅長的事務上，減輕了工作量的同時，業績也突飛猛進，事半而功倍。

著眼於自己的欲望、該做的事、活用與生俱來的才能，真的能夠輕而易舉提高成果。

最會損耗我們能量的事情，其實就是「忍耐」。

我經常聽到有人抱怨「雖然有想做的事，但每天渾渾噩噩的，最後總無法去做」。

我想他們應該是用了太多能量去做不想做的事，導致自身能量被耗盡。一味地忍耐耗損掉能量，就會無法去做想做跟喜歡的事。

遇到這種情況，首先要做的就是「節省能量」，停止做討厭的事，囤積能量後，不用特別努力也能隨心所欲的採取行動。

若是做自己覺得快樂的事，無論做多久都不嫌累，對吧？所以拒絕忍耐非常重要。

不善理財不代表不會賺錢

我認為，那些「不想做」和「討厭的事」，就是代表著沒必要親自動手做的事。例如：我非常討厭打掃、洗衣服、清洗物品等家務。但我不是故意討厭打掃，是打從懂事以來就討厭而且不擅長打掃，即使房間髒亂我也認為沒什麼。

所以我現在將自己討厭的家事委派給清潔公司，雖然每個月多了清潔打掃費，但我仍然覺得很棒！

這個世界告訴我，所謂討厭的事就是「你註定不用做這件事，這並非你的使命。」

明白這個道理後，很多事根本沒必要勉強自己去做，我反而認為克制自己不去做的勇氣才重要。

而多出來的時間，就該用在追求自己的幸福，在投入喜愛事物的過程找到真正幸福的生活方式，這就是每個人的使命。

我是一個不擅長理財的人。

在當業務時，我常會寫錯金額，請款單總是拖到最後一刻才交，日報表和經費表也完全不交，因此常因這些事被責罵。

連家計簿也是。雖然過去幾度想記帳，但最後都放棄。即便運用過各種方法，但就是難以持續。

雖然我不會記帳、不擅理財，但並不代表我不懂得好好賺錢、省錢。二十多歲時，我每天都過著「發薪日前身上只有幾百塊」的日子。雖然節省著過生活，但還是負債五十六萬。

雖然想擬定還款計畫，但當我正視債務時，發現每天得錙銖必較過生活，當時的我，不想這樣過生活，所以選擇不面對債務，導致每個月只能還利息，背債五年以上，債務也絲毫沒有減少。

後來，我成功清償了債務，但也不是靠記帳；不是斤斤計較；不是檢視多餘浪費，錢在想花用的時候我還是會花，我是如何辦到的呢？

其實很簡單，就是增加收入。

我並非在創業之後才增加收入，而是在當上班族的時候就已經如此了。我提高了正職的收入，甚至達到即使隨心所欲花錢，也足以還錢的等級，當然跟那段時間我決定兼差也有關係，雖然會去酒吧兼差是因為興趣，我喜歡和不同的人聊天，這麼做並非完全為了賺錢。

當時我明白了，原來我就算不計帳也可以，我適合這樣做。

我甚至認為不善於理財的人，也許是被上天賦予，不用理財也行得通的賺錢能力！

想辭職卻辭不掉？

如果你生活中，出現了下面的情況：

「碰到真的很不想做的事。」

「必須忍耐才能去做的事。」

「做了感到超累的事。」

從現在起統統暫停吧！立刻，從明天就開始停止不做！

每當我這麼說，很多人都會陷入糾結，表示：「雖然不想做，但怎麼可能不做？」

如果真的不做會怎麼樣呢？沒有認真去想，卻一廂情願認為不能不做的人，實在多得不得了。

尤其在面對工作時：

「能承擔這項業務的人只有我……」

「還沒找到接手的人，沒辦法做交接……」

「一旦請假，別人就得做我的工作……」

「過去曾被譴責過，職場上不可能接受我這麼做……」

大家都會為自己找很多藉口，甚至連想休假都會猶豫再三，一廂情願的覺得自己不做會給他人造成嚴重後果。

請各位好好思考一下，在我們居住的國家裡，有多少人辭行政院長？是行政院長喔！

當他決定要辭職時，有多少人在乎過嗎？在尋找繼任人選的期間，國家也沒有因此崩壞不是嗎？你的工作有比行政院長更重要、更無法取代，是做著辭也辭不掉的職位嗎？

所以請你完全不用擔心。如果累了、想休息、想辭職，便隨心所欲的去做吧！

我以前曾在某個設計公司上班，某天我突然覺得這份工作討厭透了，心想辭職吧！於是隔天一上班就對主管說：「我受不了，不會再來上班了。」當然聽到我這麼說，主管當場就對我抓狂大吼：「你怎麼可以說不做就不做！」

但即使這位主管暴跳如雷，一旦我決定不來上班，他也拿我沒轍。（與剛才提到不寫日報表的情況一樣）。

於是我這麼告訴他：「不管你說什麼，我就是受不了，真的不會來上班，你現在該做的，應該是儘快安排職務交接吧！」

在那之後我被講了很多閒話，像是這種行為無論去哪裡都會一事無成、人品很差勁等等。

但我也只花了三天交接工作，就真的不去上班了。

我想前輩和同事應該很困擾，八成整週都沒日沒夜的在加班吧？

照理來說大家都會擔心「給別人添這麼多麻煩，日後見面豈不是很尷尬？」況且我還是跳槽到同個業界，結果根本是白擔心一場。

過了半年，我還跑去前公司光明正大的拉業務！

甚至遊說過去很可能替我收過爛攤子的前輩和同事說：

「畢竟我們同事一場，買嘛！」

根本沒人對我破口大罵：「過去妳任性的說走就走，現在居然還有臉跑回來，妳曉得我們被整得有多慘嗎？」

相反的前同事們不是熱烈歡迎我，就是開心地對我說：「妳換工作後看起來容光煥發呢！能找到適合自己的工作真是太好了！」

沒錯，世人遠比自己想像中還要寬宏大量跟親切，並由衷希望別人獲得幸福。看來討人厭的傢伙，世上非自己莫屬吧！（笑）

即使有空，不想去就不要去

關於「停止做討厭的事」我還有一件事想說，就是很多人常因「拒絕朋友的邀約」而產生了罪惡感。

沒錯，我經常勸大家「取消不想去的邀約，將時間挪為己用」。

可是每當有人對我抱怨：「那個約會我好不想去」時，我鼓勵他「那就不要去」，對方又會猶豫的說：「但是我都答應他了」。

你是武士嗎？聽到這回答，我都會忍不住想大肆批判。

大丈夫一言既出駟馬難追，真是太正直了！

其實，真的只要告訴對方「當天不方便所以無法過去」就行了。就算對方追問發生什麼事，只要回答「一言難盡」就好。對方絕不會知道你是因為不想去才不去（笑）。

對我來說，即便當天有空，我不想去的時候，也絕對不會去。我會說「當天有事」而推拒掉。至於當天的事，可能就是寫寫部落格、讀書或是睡午覺。

但這些對我來說都是超棒的事！也都非常重要，應該排在第一時間優先使用才是。反觀世上不少人卻將讀書、睡午覺等「獨自一人隨時都能計畫好的事」放到最後。

面對像是加班、不想去的飲酒會、朋友和親戚間的聚會、家務、育兒、孝順父母……等「與人相處的時間」，順應受邀或是被迫而選擇照單全收，僅將最後剩餘的時間留給自己，這樣做很可能最後就沒有屬於自己的時間了。

最該率先空下的，應該是自己的時間才是。

我想任何人都不能沒有讓自己放鬆、成長、專屬個人的時間。

遇到有使命感的事不妨去做

發現自己的天職，如今從事喜愛工作的我，能在生活中選擇只做喜歡的事，契機在於懷孕期間。

當時我已懷孕八個月，再過兩個月便要開始請產假了，對於復職後的職涯規劃，我感到相當苦惱。

那時，我以成為任職公司的社長為目標，但是請育嬰假期間我無法工作。在我所處的建築業界中，女性正職的比例相當低（僅百分之三），絕大多數的女性正職員工，都得面臨婚姻和事業的抉擇。

我任職的公司也不例外，我是公司第一位請育嬰假的員工，所以復職後會如何完全是未知數。

若要維持跟過去一樣的業績水準，勢必要過著被時間追逐、家庭和工作蠟燭兩頭燒的生活，這種情況不是我想要的。

話雖如此，我也不想業績下滑，每天懷抱著愧疚感上班。於是我開始思考，是否能利用這一年育嬰期間進修，以提升技能。

我決定不讓育嬰假空白，利用這段期間摸索復職後能更輕鬆提高成果的方法，比方說再學習什麼之類的，於是我想到趁育嬰假期間，開始來經營部落格好了。

為能兼顧工作和育兒，當時我最感興趣的事便是「如何輕鬆育兒」。為此我拼命看書，不僅讀了二十本以上的育兒書，甚至連論文都看。

我還試著聯絡嬰幼兒專家、閱讀用英文寫的「國外育兒常識」（如果光看表面，還以為我是為孩子著想的認真媽媽）。

當我輾轉知道我們所熟知的育兒常識和其他國家具有差異時，頓時茅塞頓開。

在國外新生兒夜啼的情況很罕見，媽媽們會善用月子中心或托嬰中心。這些資訊對難以兼顧事業和育兒的職場女性很有價值，也對我先前想在「建築業界鞏固地位」的使命有幫助！

在建築業界裡，正職的女性單身率超高，於是請產假期間，我所開設的部落格，主要是寫給她們一些關於戀愛跟結婚的文章。

當順利幸福結婚後，就繼續寫能輕鬆兼顧事業和育兒的方法。

「能寫這種文章的人只有我了！」

我自顧自地產生某種使命感，頓時熱血沸騰起來。

結果不只是建築業界的同行，閱讀我文章的人日益增加，甚至還有讀者直接對我訴說自身的煩惱。

起先我是用臉書訊息的功能幫他們解決問題，不斷跟臉友進行反覆對話。不久訊息量爆增，甚至有人不惜付費希望跟我當面聊聊。

於是為了回應大家的期待，我舉辦座談會和演講，這次換來參加座談的人，希望接受長期諮詢。為滿足這種需求，我開辦學院，規模日益擴大到今日的地步。

積極正面的使命，會引領你展開意想不到的行動。

一百分的努力不如一分的勇氣

我通常建議來聽我上課的女性，無論如何只要討厭就辭去工作、不要做家事。但我也明白，並非所有人都能直接採取「我懂了，明天就去遞辭呈」、「好，明天起完全不做家事」等行動。

所以我在此想繼續建議的是：「假如你能全照我的話去做，就有機會脫胎換骨。如果無法一下子就做到，那就踏出一小步，這會是邁向成功的步伐，今後請循序漸進的實踐吧！」

如果不可能一下子就辭去工作，那就從明天開始，先停止做某個繁瑣的資料、停止寫日報表、每週請一次假。家事方面，將簡單的洗碗工作交給丈夫吧！

循序漸進的放手，再利用空餘時間去做自己想做的事。

工作固然要做，但也得先思考自己能做什麼，儘管只是小事也無妨，然後日積月累就能達到你想要的目標，這點非常重要。

我認為，每天勤勉踏實的去做，最後就會得到驚人的爆發力，結合兩種要素便能改變人生！

拿運動當例子，或許大家比較容易理解，只要孜孜不倦地練習，比賽時就能發揮力量。

讓人日復一日努力的動力，就是正式上場時感受到那股將過去的努力爆發出來的力量，內心感動不已。

我認為只要努力不懈和最後壓倒性的爆發力，比重分配得宜，人當真會產生戲劇性變化，而且兩者缺一不可。

每當看見台下聽講的學生，我都覺得大家豈止是孜孜不倦而已，都是無比認真的在實踐。無論是學習、工作還是充實自我，大家都很努力去做。

但真要說還缺乏什麼的話，就是最後那股勇氣。

所謂壓倒性的爆發力，就是放膽去做必須鼓起勇氣，或是讓自己感到既緊張又期待的事。像是不顧一切地前往從未去過的地方，去做以往自認為不可以做的事情，如：主動聯絡異性、翹班等等。

我聽過很多學生說自己因表現出真實的模樣而交到男友、因翹班而升遷、成為風雲人物……

比起一百天的努力，不如鼓起一次勇氣來改變人生。

所以請各位捫心自問：這件事自己是真的想去做嗎？

沒有什麼「總有一天」就能辦到的事。

明天不去做，一年後就能辦到的想法，簡直是癡人說夢。明天不去做，代表一生都做不到。如果明天都做不到的話，那就索性放棄吧！

除了呼吸、吃飯跟睡覺，世上沒有非做不可的事。

人生苦短，我們沒時間做討厭的事。接下來一樣一樣的去做讓自己快樂和想做的事吧！在這樣的生活之中，活出讓你隨心所欲的人生。

◎世上沒有非做不可的事。
◎假如明天辦不到，
一年後肯定也辦不到。

後記

每當看見別人鼓起勇氣的樣子，我都會感動得想哭。我也曾經如此，因此我能體會他們心中的矛盾與痛苦，知道大家都是卯足了勇氣才做出決定。過去我認為自己目前能過著隨心所欲的生活，是因為受到老天爺眷顧。但看見數十位學生也順利過著他們想要的人生，我深刻覺得，不管是誰都能過專屬自己的幸福生活。

許多女性因為社會成見、銘印效應③和不安等因素的影響下而劃地自

③ imprinting，此為德國著名行為學家海因羅特自小鵝破殼而出的實驗中歸納而來，指某些生物出生後，會跟隨第一眼看到的生物（大多是母親）學習其行為。

限，假裝自己甘於平凡的生活，盡全力彰顯自己平凡無奇的模樣，是認真成熟的普通女子。

但是，很多人並不是天生就是如此，所以根本就無法扮演好這樣的角色設定（笑）。

我認為唯有放棄偽裝，努力發覺自己的能力，徹底寵愛自己，抬頭挺胸地表現出「這就是我」才能讓與生俱來的魅力展現。

我希望能讓更多女性，過著和我及學生們一樣的生活：

- 只陪伴喜歡的人、從事喜歡的工作，每天愉悅充實的賺錢。
- 投資時間和金錢在美容和裝扮上，常保美麗外貌。
- 受到傑出男性的寵愛，盡情享受甜蜜時光。
- 面對朋友，完全不需要刻意謙虛或察言觀色，只需要捧腹大笑，身旁圍繞的都是為自己加油打氣的朋友。

•家事和育兒，只做覺得不勉強、不累的範圍，其餘的外包！（笑）

我想替女性打造一個能尊重、接納這種生活方式的社會。

我會努力去做，即便我的影響力還不夠大，能影響的範圍只有一點點，但對我來說絕對構不成「不做的理由」。即便環境只有一丁點的改善，我也認為是很棒的事。同時我也衷心盼望各位能下定決心，活出隨心所欲的人生。

願本書成為你找到夢想與個獨特魅力的一大契機！

小田桐あさぎ

附錄

理想男性的條件清單

外表篇

▼先天

- 在我眼中是帥哥
- 雙眼皮
- 鼻樑直挺
- 體型纖瘦
- 小臉
- 比我高（一五五公分以上）

▼後天

- 頭髮偏長／適合、喜歡長髮
- 不太花錢打扮自己
- 看起來乾淨
- 體味不難聞
- 能維持日常生活的清潔
- 每天刷牙

個性篇

▼個性・價值觀

- 喜歡自己
- 有時會耍帥
- 對他人態度親切
- 誠實且平常不會說謊
- 誠懇
- 沒有潔癖
- 精神狀況穩定
- 與眾不同
- 遭受攻擊時能出奇制勝的反擊
- 受朋友喜愛
- 對人生有上進心
- 不怨天尤人
- 不會先入為主否定他人
- 不會把別人當笨蛋取笑
- 不家暴
- 寬宏大量
- 不會歇斯底里
- 不會咆哮
- 說話斯文有禮
- 能一起享受美酒和佳餚
- 不小氣
- 不會極端挑食
- 喜歡外出、旅行

▼對待我的方式

- 覺得我很可愛／漂亮
- 超愛我
- 不會愛吃醋
- 被我忽略也不會生氣
- 凡事以我為優先
- 能令人尊敬
- 性方面能夠契合
- 對於性事有探究心，能夠認真投入
- 能夠跟我的朋友相處融洽

生涯篇

▼家庭

- 能理解我的工作和想做的事
- 能為我加油，並從旁協助
- 能負擔家事、育兒
- 不會生氣我不做家事
- 有自理能力
- 不嚮往老婆是專職家庭主婦
- 出身正常家庭，父母人很好
- 重視自己的家庭
- 希望有小孩

▼技能與其他

- 身心健康
- 會開車
- 沒有犯法
- 沒有致命性的犯罪紀錄
- 沒有債務和借錢習慣
- 努力
- 懂得存錢
- 酒品不差
- 不賭博
- 沒離過婚、沒有小孩
- 善於獨立思考、解決問題
- 博學多聞
- 至少要高中畢業
- 精通網路和電腦
- 能聊阿宅話題
- 可以認真討論人生、事業、金錢方面的話題
- 能夠評論政治、經濟等話題
- 對於歷史、藝術具備一定涵養
- 能自我學習
- 不討厭外國和英文

▼事業

- 年收入八十四萬以上
- 有望增加年收入
- 具備職場生存能力
- 能認真投入工作
- 對工作樂在其中
- 從事自己喜歡的工作

HEART
心|視野 心視野系列061

我選擇，生活中只做想做的事

嫌なこと全部やめたらすごかった

作　　者　小田桐 あさぎ
總 編 輯　何玉美
責任編輯　王郁渝
封面設計　謝佳穎
內文排版　陳佩君

出版發行　采實文化事業股份有限公司
行銷企劃　陳佩宜．黃于庭．馮羿勳．蔡雨庭
業務發行　張世明．林踏欣．林坤蓉．王貞玉
國際版權　王俐雯．林冠妤
印務採購　曾玉霞
會計行政　王雅蕙．李韶婉
法律顧問　第一國際法律事務所 余淑杏律師
電子信箱　acme@acmebook.com.tw
采實官網　http://www.acmestore.com.tw
采實臉書　http://www.facebook.com/acmebook

ISBN　978-986-507-074-8
定　　價　300 元
初版一刷　2020 年 1 月
劃撥帳號　50148859
劃撥戶名　采實文化事業股份有限公司
104 台北市中山區南京東路二段 95 號 9 樓
電話：(02)2511-9798
傳真：(02)2571-3298

國家圖書館出版品預行編目資料

我選擇，生活中只做想做的事 / 小田桐 あさぎ著 ; 姜柏如譯.
-- 初版. -- 臺北市 : 采實文化, 2020.01
面 ;　公分. -- (心視野系列 ; 61)
譯自 : 嫌なこと全部やめたらすごかった
ISBN 978-986-507-074-8(平裝)
1.自我實現 2.生活指導 3.女性
177.2　108020847

HEART

心 | 視野

HEART
心視野

HEART
心視野

HEART
心視野